名家专题精讲
典藏版

中国古代文明十讲

李学勤 ◎ 著

复旦大学出版社

2012年李学勤先生在清华大学演讲"清华简与古代文明"

济南大辛庄甲骨卜辞(山东大学博物馆藏)

饕餮食人卣（湖南省安化县出土）

曾侯尊盘（湖北省随州市擂鼓墩曾侯乙墓出土，湖北省博物馆藏）

遂公盨（保利艺术博物馆藏）

逨盘（陕西省眉县出土，宝鸡青铜器博物院藏）

少虡剑（山西省浑源县出土，故宫博物院藏）

马王堆T形帛画(湖南博物院藏,帛画描绘了灵魂升天)

序　言

遵照复旦大学出版社的要求，我选取了近年一些小文，汇编成这本《中国古代文明十讲》。"十讲"这种体裁，使我联想到少年时读过的李石岑《中国哲学十讲》，好久未见用同样字面的书了。复旦这套书已出的几本都很精彩，我能追随其后，很觉得荣幸和欣悦。

我所致力的领域，常给人以杂多的印象，其实说起来也很单纯，就是中国历史上文明早期的一段，大体与《史记》的上下限差不多。问题是对这一段的研究不太好定位，有的算历史学，有的算考古学，还有文献学、古文字学、科技史、艺术史、思想史等等，充分表明这个领域学科交叉的综合性质。这一领域，我想最好称为"中国古代文明研究"。

1998年，我给《殷商历法研究》一书作序[1]，曾乘机提出："中国古代文明的研究应当作为一个特殊的学科来看待。对世界上其他古代文明的研究，都有着专门的学科名称。比如研究古代埃及的学科是埃及学，研究古代两河流域的是亚述学，研究古代希腊、罗马的是古典研究，等等。研究中国古代文明，没有一个单独的学科名称，这大概是由于中国文明一直绵延下来，中间没有断绝，而国际上所谓'汉学'这个词，同埃及学、亚

---

[1] 李学勤：《殷商历法研究·序》，载常玉芝著《殷商历法研究》，吉林文史出版社，1998年，第1—3页。

述学等就无法同日而语了。其实，中国古代文明的起源，以至夏商周三代这一大段，既不同于史前时代的纯依据考古，又有别于秦汉以下的文献完备，必须同时依靠文献和考古两者的研究，这与世界其他古代文明的情形是一样的。我相信，中国古代研究将来一定会被承认是一个重要的专门学科。"在其他地方，我也说过类似的话。

这里应当引述前年初逝世的张光直先生的有关见解。1994年，在台北举办了一次题为"中国考古学与历史学整合研究"的研讨会，张光直先生提供的论文是《对中国先秦史新结构的一个建议》[1]。他指出："我们在20世纪的后期和21世纪的前期，有一个绝无仅有的机会来创造一个新的学科。"这个学科，他称之为新的"先秦史"。他说："中国的先秦史，作为一门有系统的学科，需要从头一砖一瓦地盖造起来。有文字以前的传说古史，自《古史辨》的时代就已经知道是大不可靠的了。自从20世纪初期以来，考古学的发现愈积愈多，愈多便出现好些以前从来没有看过、听过、想过的新文化、新民族和新问题。用考古学建立的历史因此更得随时改变。考古学还发掘出新的文字材料，加强了古文字学这一门学问。研究夏商周三代历史，又可以使用古文字学。近百年来使用古文字学的结果，是知道了传统的三代古史有许多处被古文字学证实了，但还有更多处被古文字全部改观了。"

---

[1] 臧振华编辑：《中国考古学与历史学之整合研究》，历史语言研究所，1997年，第1—12页；又见张光直著：《中国考古学论文集》，生活·读书·新知三联书店，1999年，第31—44页。

张光直先生将新的学科仍称作"先秦史",如他自己说的,是受他的老师李济先生《中国上古史之重建工作及其问题》《再谈中国上古史的重建问题》[1]等的影响。李济先生"古史重建"的主要趋向,是在考古学基础上重构古史,因此历史学与考古学的关系并非平行的。张光直先生的看法有所不同,他强调了从龙山文化时代到夏商周三代,"文字的资料逐渐加入历史资料里去",甚至说"传世的文献是三代历史的基本材料,其中可能也包括时代早到龙山时代的传说",足见以文献为主的历史学当与考古学并重,但他还是接续李济先生,把设想中的新学科叫作"史"——"先秦史"。

有学者注意到这里可能存在的矛盾。曹兵武博士说:"中国考古学与中国历史学的关系问题,历来是难于争论清楚的……而张光直先生一直在尝试着另一种整合。他认为在这个领域中,考古学与历史学不是谁证实谁、谁服务谁的关系,而且根本上就是一回事。在古环境、古人类学、田野考古学、古文字学等自然与社会科学都已经取得了相当丰富的收获的今天,非常需要我们用新眼光、新理论、新手段,从全局的观点、从人类生活与文化演进的角度去处理新材料,从而构建一个新的史学结构……我们不妨沿着张光直先生的思路走得更远些,径称之为'中国文明史'——一个以中国文明的发生和形成为对象的新学科。"[2] 这样的想法,我是非常赞成的,只是感到叫"中国古代文

---

1 张光直、李光谟编:《李济考古学论文选集》,文物出版社,1990年,第81—97页。
2 曹兵武著:《考古与文化》,文物出版社,1999年,第115页;又见三联书店编:《四海为家:追念考古学家张光直》,生活·读书·新知三联书店,2002年,第137页。

明研究"或许更贴切些。

  编进这本《中国古代文明十讲》的,有的是论文,有的是讲演,时间、篇幅和体例都不尽一致,还难免若干重复的地方。有些内容,我做了必要的补充修改。尽管费了不少力气,然而最后通读,仍觉殊不满意,只好恳求读者见谅和指教了。

李学勤
2003 年 6 月 3 日

目录

序　言 / i

第一讲　**中国古代文明研究** / 1
　　中国古代文明研究一百年 / 3
　　二十一世纪的古代文明研究 / 16
　　古代文明与文化发展战略 / 29

第二讲　**古代文明的发展过程** / 33
　　中国古代文明的起源 / 35
　　东周至秦代文明概观 / 59

第三讲　**考古学与古代文明** / 83
　　中国考古学与古代文明研究 / 85
　　良渚文化与文明界说 / 92

第四讲　**文字起源研究与古代文明** / 95
　　文字起源研究是科学的重大课题 / 97
　　汉字——中国对人类文明的重要贡献 / 100

第五讲　**甲骨学与古代文明** / 107
　　殷墟甲骨发现一百年 / 109
　　甲骨文的世界 / 118
　　甲骨学的七个课题 / 131

第六讲　青铜器研究与古代文明 ／ 141
　　青铜器的研究及其展望 ／ 143
　　中国青铜器的两个高峰 ／ 160

第七讲　简帛学与古代文明 ／ 169
　　简帛书籍的发现及其影响 ／ 171
　　简帛和楚文化 ／ 184

第八讲　古代文明与区域文化研究 ／ 201
　　多彩的古代区域文化 ／ 203
　　夏商周与山东 ／ 211
　　青铜器与山西古代史的关系 ／ 228
　　蜀文化神秘面纱的揭开 ／ 240

第九讲　古代文明与多学科交叉研究 ／ 245
　　古代文明研究与"夏商周断代工程" ／ 247
　　文明起源的科学考察 ／ 254

第十讲　古代文明与学术史 ／ 257
　　《中国学术史》总序 ／ 259
　　清代学术的几个问题 ／ 266

附　录　从新发现看古代文明 ／ 275
　　遂公盨与大禹治水传说 ／ 277
　　眉县杨家村新出青铜器说明了什么 ／ 281
　　济南大辛庄甲骨卜辞的初步考察 ／ 284

第一讲

中国古代文明研究

中国古代文明研究一百年

20世纪是一个风云变幻的世纪,在这个世纪里,不但我们所有的中国人都经历了各种各样的磨难,而且我们的传统文化也经过了许许多多的曲折。在我们跨入21世纪之际,怎样认识20世纪中国学术的发展状况,如何回顾过去展望未来,这是许多人都非常关心的事情。可以毫不夸张地说,我们的学术界,特别是文科学术界,现在都非常迫切地需要对20世纪学术发展所走过的道路进行回顾,对21世纪的学术发展前景进行展望。为此,我想从三个方面对中国古代研究一百年的状况进行简要的回顾,并对21世纪的古代研究前景做一些展望,以期能有益于学人。

我们每一个人,不但要认识现在,还要认识过去,这是人类自身发展的需要。实际上,社会的每一个人,甚至包括文化不高或没有文化的人,对古代都有一定的兴趣。许多人对评书、演义和这一类的戏都感兴趣,即是说明。许多人对历史上的过去,对于各种事物的起源,特别是对像我们中国这样一个有悠久历史、辉煌文明的国家的古代文化更感兴趣。而在现代大潮冲击了中国之后,如何认识古代这个问题就成了中国社会上各方面的人都会接触到的一个问题。

中国有着悠久辉煌的古文明,有着历史绵远的传统文化。从地理大发现以后,特别是十六十七世纪之后,西方势力开始向东方发展，东方人开始接触到了西方，中国人不得不面对一个与他们过去认识的世界完全不同的新世界。西学逐渐进入中国，对中国学术界、知识界产生了重大影响，使中国人对传统文化，特别是古代的认识形象发生了根本性的变迁，使中国人的价值观也发生了根本性的变化。

中国传统文化中有一个很基本的特点，就是人们一直认为一切事物都是越古越好，所以三代以上就是人类历史上的黄金时代。宋代理学家常说："人心乃是牵补度时，天地亦是架漏过日。"意思是说：人心已经坏了，好像一件衣服破了一样，今天打个补丁，明天打个补丁，但无论怎样也总不能达到完美的程度；天下世界也不如过去了，这就好比一个屋子已经漏雨了，即使你今天往屋顶上放几块瓦，明天往屋顶上堆一些白灰，但总也不能让屋子不漏雨。这是为了说明，现在的社会已不如过去的社会，人们能够取法的只是圣贤存在的那个三代时期的黄金盛世。由此可知，中国人对古代的认识问题，是一个牵扯到他对于整个人生、世界的看法的最根本的问题。

因此，在中国古代，经学就成了整个学问的核心。经就是从黄金时代传下来的书。有不少中国人到19世纪，甚至20世纪初，还在专读经书。只是在1840年的鸦片战争后，特别是到了19世纪晚期，由于西学的兴起，时势的发展，才迫使清朝政府不得不下令废科举，成立学堂，用新的学科取代读经。因为当时如不这样，国家就不能自立，我们就无法和世界上的其他人打交道。在这种情形下，人们对古代的认识必须有所改变。如不打破古代的偶像，就不足以打破旧的网罗，不足以立新学，不足以使人们接受世界的新知识。因此，中国人对过去、对古代的认识，伴随着戊戌变法和康有为的著作的出现，就必然地走向了解体。

康有为的著作很多，其中有两部书在当时的知识界可谓起了振聋发聩的作用，一部是《新学伪经考》，一部是《孔子改制考》。他的学生梁启超就曾说过，读了这两部书如触雷电一般。过去人们对古代的认识主要是依靠经书而来的，而这两部书宣称，经书中的很大一部分并不是真正的孔子学说，而是新莽时刘歆伪造出来的。王莽是靠篡位爬上皇帝宝座的，在正统观根深蒂固的中国人心目中是很臭的。因此把经学说成是王莽"新学"，就等于给经学戴上了一个大帽子而加以否定了。因此，这两部书的出现，是对传统的中国人的"古代观"的否定，是疑古思潮的开始。

疑古，就是对古代的怀疑。康有为用来取代旧偶像的学说依然披着孔教的外衣，但从政治和思想史的角度来看，康有为的学说在当时是进步的，起到了冲决网罗的作用。康有为的所谓"孔学"并非他个人独创，而是得助于当时今文经学如日中天的时势。清朝人治学非常讲究门户，他们把汉朝的学问分成今文经学和古文经学两大块。清朝乾嘉时，学者们最喜欢讲贾逵、马融、郑玄这些古文经学的代表，清中叶以后又开始提倡今文经学。从龚自珍、魏源这些进步的思想家开始，到光绪时期，四川出了一位今文经学家廖平，他站在反对古文经学的角度上，认为包括《周礼》《左传》等许多古书在内的绝大多数古文经书都是刘歆伪造的。据廖平和梁启超记载，康有为有一天在广东会见廖平，两人论学，廖将上述观点讲给康听，康勃然大怒，认为这简直是胡说八道，廖很不高兴地离去了。但不到半年之后，康有为不但全盘接受了廖的观点，而且比廖讲得更激进。在此不能仅从道德的角度考虑问题，因为廖的学说是从研究经学的角度出发的，但康有为则是从政治的角度出发，充分利用其中对自己有用的内容，其目的首先不是学术。从此之后，疑古之风越来越盛，这种风气在古代研究方面产生的影响也越来越大了。

胡适及其弟子顾颉刚先生在此基础上创立了古史辨派，提出了层累地造成的古史观。他们认为中国古代有关伏羲、神农、炎帝、黄帝、尧、舜、禹、汤等的传说，出现的时代越晚，内容就越丰富，就如同民间故事一样。顾先生是中国现代民俗学的开山鼻祖，在研究孟姜女的故事、妙峰山的崇拜等方面有很大的成就。他把民俗学的观点运用到古史研究上，认为中国古代的传说越来越多，越造越古，越传越复杂，所以中国人对古代的看法是历代人不断地造伪的结果。

古史辨派在当时起的作用是非常大的。其进步作用可概括为下述三点：

第一，进一步打破了"古代就是黄金时代"这一传统观点。传统观念认为古代遗留下来的经书的内容万古不变，为了维护经书的尊严，就要坚持古代是黄金时代的观点。现在古史辨派指出古代有些东西并不是进步的，而且存在许多问题，这有助于冲破网罗，促进学术的发展。

第二，古史辨派对几乎所有的古代文献进行了重新审查，这和欧洲在文艺复兴后对以《圣经》为代表的所有文献进行审查一样，为繁荣新的文化奠定了重要的基础。

第三，古史辨派及其所代表的疑古思潮对传统的古代观进行了一次大扫荡，从而为建立新的古代观开辟了道路。这也正是现代考古学能在20世纪20年代在中国建立，并为中国人所接受的根本原因。在传统观念中，中国人最痛恨"偷坟掘墓"；在传统的刑法里，对挖坟的人都要处以最高刑罚。由于疑古思潮对中国传统文化中的认识和崇拜进行了大扫荡，有利于以发掘为主要手段之一的现代考古学传入中国。

但我们同时也要看到疑古思潮所起的副作用。由于古史辨派在疑古时，往往"攻其一点，不及其余"，他们对古代的否定常常过头，对一些本来不应怀疑、不该否定的内容也加以怀疑和否定，结果在辨伪上造成了不少甚至说是很多的冤假错案。而如果对古书和古代全部加以否定，那么古代就没有什么可讲的了，中国古代也就没有什么历史、学术，中国也没有什么传统文化了。胡适就曾说"东周以上无史"。《诗经》《书经》《周易》《周礼》等都不可靠，《左传》中所讲的东西多是假的，这样一来，东周以上就没什么可信的古史了。

著名的哲学家、哲学史家冯友兰先生，在他给《古史辨》第六册所写的序中，提出了一个新观点。他认为中国人对古代的看法可分为信古、疑古、释古三个发展阶段，这个观点符合辩证法，受到了多数人的信赖和接受，并得到流传。信古，就是说古书中怎么说我们都相信。信古的对立面就是疑古，即对古书上说的都怀疑，都不相信，或者说主要的不相信。显而易见，没有疑古也就没有信古，也就是说，只有到了疑古思潮之后，我们才知道中国历史上曾有一个传统的信古时期。冯先生还认为，只有疑古是不够的，还应对古做实事求是的研究，即对古进行解释。如果你说古人说的不对，就要说明为什么不对，因此就需要释古，即对古进行解释说明。

冯先生的这种说法，应该说今天对我们来说还是有益的。传统的古代观是信古。由于信古，人们不易接受现代的思想观点，于是出现了疑古思潮。疑古有利于现代化的输入，可由于太过了，因此还要对古进行解释。只有对古进行科学、合理的解释，我们才能对古代有正确的认识，才能对中华文明的产生、形成、发展的过程有全面、深入的了解。

冯先生虽然提出了"释古"这个词，但并没有告诉我们应该如何释古，这是一个摆在我们面前的、需要我们做出努力的大问题。这里可以说，现代考古学的成果为我们回答这个问题提供了便利条件。

有些人认为中国自古以来就有研究古代器物和文字的风气，因此，考古学在中国就如同古代一样古老。这种看法其实并不正确，中国虽然至少在西周时就有人收藏古器物，汉代时就有人研究青铜器，但这并不能说明考古学在那时已经出现了。因为现代考古学的基本概念是由田野考古发掘技术、层位学、类型学等理论和方法构成的，它有着自己的一套独特的科学工作方法，而这一套理论和方法，直到20世纪20年代五四运动后才被中国学者掌握运用。在这之前虽曾有部分外国人在中国进行过考古调查发掘，但这并不能视为中国考古学建立的标志。

真正由中国人搞的考古发掘，是1926年由清华学校李济在山西省西南部的夏县西阴村主持的发掘。李济，字济之，湖北钟祥人，曾留学美国哈佛大学人类学系，回国后到1925年成立的清华研究院任讲师，同王国维、梁启超、赵元任、陈寅恪共同执教。清华国学院的成立是中国现代学术史上的一件大事。首先在国学院成立时，王国维在《清华周刊》上发表了《最近二三十年中中国新发现之学问》一文，指出历代学术史上新的潮流的产生常常是由于新发现引起的，在当时的最近二三十年有四大发现，其中甲骨文的发现改变了人们对古代（特别是商代）的看法，使东周以上无史论不攻自破。此后，王国维又在其讲义《古史新证》中对疑古思潮进行了剖析，提出了新的认识古代的方法，即"二重证据法"，就是以地上之文献与地下之文物互相印证。这为现代考古学或有中国特色的现代考古学的产生，奠定了理论基础。

现代考古学真正系统地在中国展开，是从李济出任中央研究院历史语言研究所考古组主任后，主持对殷墟进行发掘开始的。到1937年抗日战争爆发，殷墟的发掘工作进行了15次。与此同时，在其他地方也开始运用现代考古技术进行了考古发掘。但殷墟作为主要的考古工地，从1928年至今，70余年间不断做出重大贡献，其重要地位没有动摇。中国的考古学从产生之日起，就形成了自己的鲜明特点，就是考古研究同历史研究密切结合。这与其他一些国家把考古研究主要与美术史、人类学及社会学的研究相结合是不相同的。有学者写文章评中国考古学，认为中国考古学的最大的缺点就是过分与历史学相结合，只有打破这一点才能吸收新东西。可我个人认为，从王国维提出二重证据法到现代考古学的建立所形成的考古学与历史学相结合的传统，正是中国考古学的特色。

从殷墟发掘的早期开始，中国考古学取得了一系列非常重大的成果，受到了世界各国的重视。特别是在改革开放以来的二十多年时间内，我们的考古学研究取得了辉煌的成就，在世界上产生了巨大的影响。1981年英国剑桥大学格林·丹尼尔（Glyn Daniel）的《考古学简史》出版，封面图是中国的秦俑坑。在这本书的最后一章展望中，他说今后几十年考古学的希望在中国。我认为他的这个预计是客观而科学的，因为中国的新发现层出不穷，其结果将对世界学术界产生重大的影响。

事实上，中国的考古学在短短几十年内，就创造了辉煌的成就，在很大程度上改变了国人甚至国外汉学家对中国古代的看法。我们也深信，在信古、疑古、释古的历程中，考古学不但会对史前时期、三代时期、秦汉时期的释古做出贡献，即使是对于汉唐以下的释古也会做出重大贡献。

要对古代进行科学的研究，仅仅有文献和考古是不够的，还需要一定的理论。只要我们比较一下20世纪初出版的关于古代的书和现代谈古代的书，我们就会发现其间有太大的差别。我们现在对古代的认识之所以会同20世纪初对古代的认识发生根本的不同，不但与广大史学工作者在深入研究大量文献、充分利用考古学成果方面做出的重大努力分不开，而且与理论在古代研究中所起的重要作用也是分不开的。因此，我们有必要回顾一下20世纪在古代研究的理论方面有哪些工作和发展。

只有把理论和材料结合起来,我们才能加深对古代的认识。直到 20 世纪初期西学输入中国之后,中国才有人写一些诸如历史研究法之类的文章,主要是从日本把在日本最有影响的德国兰克学派等的历史学研究方法介绍到中国来。这对狭义的中国古代史(汉以前的古代中国)的研究的影响并不大。当时包括梁启超等所写的《中国历史研究法》《中国历史新研究法》等在当时很有影响的书籍,大都也只是对外国的历史学研究方法进行一些介绍和发挥。

马克思主义的传入,在 20 世纪的中国学术史上,特别是在中国古代研究方面,产生了重大的影响。众所周知,马克思主义有三个来源、三个组成部分,而历史唯物主义理论是马克思主义的重要内容。因此从马克思主义传入中国后,一些马克思主义学者就考虑如何把马克思主义理论运用到中国的历史研究中去。与古代研究问题有关的有第三国际的学者马扎亚尔。1925 年第一次国内革命战争开始后,马扎亚尔到北伐的根据地广州周围农村进行了社会调查,以《中国农村经济研究》为题发表了调查报告。这本书本来谈的都是非常现实的问题,但书中提出了中国社会自古以来是亚细亚生产方式,因而对中国古代问题产生了重大影响。亚细亚生产方式本来是马克思在其《政治经济学批判》一书中讨论人类社会的生产方式时首先提到的。按马扎亚尔的解释,亚细亚生产方式是指一个不变的、以农村经济为主的、停滞不前的社会。这本书的出版产生了重大的影响,首先是在苏联引发了一场关于中国古代社会的论战,出版了柯金的《中国古代社会》等一系列著作。直到 1931 年,在列宁格勒举行的亚细亚生产方式讨论会,从不同角度讨论了这个问题,哥德斯作了著名的报告,提出了一种新的理论后,这场论战在苏联才宣告结束。

当这场论战在苏联结束的时候,中国、日本学术界又展开了有关这一问题的大论战。其实中国在此之前已出现了有关问题讨论的萌芽。这个萌芽就是在20世纪20年代初,胡适与当时的一些被认为是国民党左派的人士就"井田制"问题展开的讨论。苏联有关中国古代社会的论战,以及1927年大革命失败后出现的中国向何处去、马克思主义是否适合中国等有关中国社会性质的论战,则在中国引起有关亚细亚生产方式的中国社会史性质的论战,牵涉到有关中国历史,特别是中国社会史性质的问题。郭沫若先生1929年在日本写成、1930年出版的《中国古代社会研究》一书,是这场论战在中国正式大规模展开的标志。郭老在这部著作中指出,马克思主义关于社会发展形态的理论,完全适合中国的社会,因此,中国也要走人类社会发展的共同道路。当时思想界、学术界不同的人围绕这一问题,在上海神州国光社主办的《读书杂志》上,发表了各自不同的意见。直到1937年抗日战争爆发,这场论战才在中国告一段落。而这次论战中所涉及的有关对中国古代的认识问题,即中国古代走的是一条特殊的社会发展道路还是同整个人类一样的共同道路这一问题,也开启了1949年后我国学术界有关中国古代史分期的许多问题讨论的端绪。

我认为关于亚细亚生产方式及其他种种理论问题的探讨,依然有继续进行下去的必要。汉以前的历史虽然有不少文献记载,但毕竟是残缺不全的。我们不可能从文献中把这些历史完全读出来,需要用一定的理论来统御这些文献资料,才有可能对古代社会有更深入、全面的认识,了解考古材料也是一样。多年在美国哈佛大学担任人类学系主任的张光直先生,在他的《商代文明》一书中就认为认识商代有五种途径,其中第一个途径就是理论。他主张研究古代文明最好有一种理论的训练和背景,没有理论也就无法真正认识古代。事实上,有关亚细亚生产方式问题的讨论,20世纪60年代又在一些马克思主义者之间复活了。这首先是由匈牙利学者杜克义(Tokei)发表在法国《思想》杂志上的一篇文章引发的,接着一些学者在英国的《今日马克思主义》杂志上进行了系统讨论。在这场讨论中,苏联的一位老院士瓦尔加起了非常重要的作用,他在他的一部政治经济学专著——《社会主义政治经济学诸问题》的最后一章,专门谈了亚细亚生产方式及古代史的问题,其中的许多观点都值得注意。直到近年,世界上还有许多人在讨论这个问题。

前面我从三个方面对百年来古代研究的情况进行了简要的回顾。从回顾中我们看到,20世纪由于新的理论的介绍、输入及考古学的兴起,使学术思潮发生了重大改变,使我们对古代的认识发生了根本性的变化。在此基础上,我对21世纪的古代研究试做一些展望。

第一,20世纪我们对古代的研究之所以会取得重大的成果,与现代考古学同历史学的交流和配合所起的作用密不可分。但近年来这两个学科之间进行沟通的情况却并不理想,一方面考古学的成果不能被历史学界充分接受,另一方面历史学的成果也不能被考古学界在研究、认识中利用。这既有教育体制的原因，也有思想认识方面的问题。学考古学的人认为搞历史的人说的都是外行话，而搞历史的人又认为搞考古的人连基本的文献都不知道。因此，我们一定要在教育体制和思想认识方面对这个问题有深刻的认识，否则在未来的一二十年内这方面不可能有很好的改进，会限制研究的进展。

第二，我们一定要做一些必要的理论探讨。理论探讨并不是要大家引语录、讲教条，而是要求大家在认识一个问题时一定要有广阔的文化背景，要提升到一定的理论高度去认识。比如从事考古学，如果缺乏高度的理性认识，眼睛所能看到的东西就只有遗物、遗址之类的具体物质；如果有一定的认识，就会从一个相当的高度出发去整理发掘的成果，才能够认识到我们能看到什么、我们能解释什么。

第三，只有充分吸收众多的邻近学科的成果，我们对古代的研究才有可能取得更加丰硕的成绩。事实上，我们将来要想取得一些重大研究成果，不仅要继续支持历史学与考古学的相互沟通，而且要尽量借鉴人类学、民族学、美术史等诸多邻近学科的研究成果和方法。

第四，要更加系统地使用比较的研究方法。要以开阔眼界为目的，有意识地运用比较法，这种比较法和一般的偶然的比较是大不相同的。如我们讲中国古代文明的产生、形成、发展的过程时，就应和世界上其他国家的文明发展进行比较。有人认为只有相互间有关系的文明才能互相对比，如此作为世界上独立起源和发展的文明之一的中国文明，就难以和其他文明进行比较了。可事实并非如此，例如中国铁器是怎么起源的，中国铁器的出现究竟比外国早还是晚，这样的问题是完全可以比较的，为此就有必要了解全世界的铁器发展史。因此，我们有必要了解外国的考古和历史、文化。如没有这样充分的准备和广阔的视野，就不可能对中国本身发展的各方面做出明确的、适当的价值判断。

第五，将来的古代研究一定要走多学科结合的道路，特别是自然科学和人文社会科学相结合。现代科学技术的发展为我们的研究工作提供了许多新的手段、可能性和领域，因此我们所讲的结合，并非仅指运用新仪器和新手段，而是要将两者作为学科更加紧密地结合起来。况且客观世界本来是个整体，作为认识主体的人类通过对客观世界的认识而产生的知识也是一个整体，并非七零八碎的片段。只是由于我们每个人的工作不同、认识对象不同，所以我们才会划分出种种学科来。作为认识整体的人类的知识被划分得越细，就越需要加强交流、融合，越需要开辟新的领域。因此，在 21 世纪的古代研究中，我们必须走多学科相结合的道路，也唯有如此，我们才能取得更多的成果。

原载《著名专家学者北师大演讲集》，
人民出版社，2002 年

二十一世纪的古代文明研究

中国古代文明研究，指的是对中国文明起源及其早期发展过程的探索考察，其时代下限可划在秦的统一，甚或汉武帝以前。古代文明研究需要多学科的交叉综合，从而自成为独立的学科领域。例如研究古代埃及的为埃及学，研究古代美索不达米亚的为亚述学，研究古代希腊、罗马的在西方称为古典研究，等等。中国古代文明持久绵续，通行的"汉学"（Sinology）一词将古代到近现代都包括在内，并不是专限于中国文明的早期阶段的。研究中国文明的早期阶段，有其特有的理论、途径和方法，早就应该被视为一个学科领域了。这里暂以中国古代文明研究名之，以便于下面讨论。

世界上历史学者，常把人类的历史划分为史前时期（prehistory）和历史时期（history）。所谓史前，是还没有文字记载，只能依靠考古学、人类学来研究的时期。这样的划分，很早便介绍到中国来，为历史学界所习用。近些年又流行一个词 protohistory，有人主张译作"原史时期"，讲的是虽然已有数量不同的文字记载存在，但仍然要在较大程度上依靠考古学研究的时期。中国古代文明研究，应该说主要是考察这样的时期，所以我们谈这个领域的未来进展，也要由考古学方面说起。

我在一些地方曾经反复说过，由于中国从古以来即有收藏和研究古物的风气，不少人觉得考古学是我们固有的，这种看法其实是不对的[1]。现代科学意义的考古学，有田野发掘技术和层位学、类型学等一套理论，是 19 世纪初才开始形成的，开始传入中国已到清末。现代考古学在中国的建立，以中国人自己主持的 1926 年山西夏县西阴村发掘和 1928 年肇端的河南安阳殷墟发掘作为标志，距今不过 70 余年。即使自殷墟的工作向上追溯，以 1899 年殷墟甲骨的发现鉴定为其先声，也只刚刚超过 100 年。

中国古代文明研究有关考古学的方面，不妨同埃及学的情况进行对比。埃及古物在古希腊罗马时已被认识，而真正的研究则以 1798 年法国拿破仑远征埃及，组织埃及研究所（Institute d'Egypte），编著《埃及图说》（*Déscription de l'Egypte*）为滥觞。1823 年，商博良（F. Champollion）根据远征中发现的罗塞塔石，解读了古埃及文，奠立了埃及学的真正基础[2]。这些，都早于甲骨及殷墟。有人提出，古代埃及的考古发现比中国丰富许多，这在很大程度上是因为我们这里的工作起步较晚，并不是中国古代文明本身有什么逊色。

中国传世古代典籍繁多，且有久远的注疏传统，使中国考古学由开始建立起，就与历史学的研究紧密相结合。王国维提倡的以纸上材料同地下材料互相印证的"二重证据法"，成为考古学的明显特点。尽管有学者提出过不同意见，这样的特点在新世纪中仍会继续下去。考古学将为中国古代文明的探索提供更多更新的依据。

1　李学勤著：《夏商周年代学札记》，辽宁大学出版社，1999 年，第 285—287 页。
2　蒲慕州著：《法老的国度：古埃及文化史》，麦田出版社，2001 年，第 5—7、13 页。

中华人民共和国成立以来的考古发掘，大多数是出于配合基建等原因而进行的带有抢救性的发掘，在选点等问题上难免被动，在人力物力有限的条件下尤其如此。将来的发掘，应尽量转向由研究需要出发的主动发掘，以对学科发展有更大的推动。

从研究出发的主动发掘，已有不少影响重大的例子，其中的一个便是殷墟。在殷墟发掘动手之前，已经有了甲骨的发现鉴定和举世震惊的研究，已经做了遗址的调查及与文献的印证，于是殷墟的发掘成为必要的工作。从殷墟发掘起始，展开了整个商文化的考古研究。另一个值得举出的，是20世纪50年代后期的"夏墟"调查。在豫西进行的这次考古调查，完全是从历史文献有关夏的记载出发的，而其结果乃发现了偃师二里头遗址，认识了二里头文化。经过多年争论后，目前国内多数学者认为二里头文化属于夏代。

殷墟和"夏墟"的工作，可说是从研究需要出发的两种类型。殷墟有甲骨文证明，工作的展开和深入顺理成章。"夏墟"和夏文化的探索，因为迄今未发现表明是夏的文字材料，不能同样顺利。在这里应当指出，像殷墟这种类型的发现，事实上不可能多。即使是时间很晚的，如东周时期的一些城址，其性质也每每只能通过沿革地理方法来推定。夏、商、周许多都邑，现在还没有发现或落实，陵墓也是一样，有必要主动寻找。例如很多人提到的西周王陵，一旦发现，自对文明研究大有裨益。

处在世纪之交，对已有的考古工作成果进行回顾总结，也很必要。建议订立计划，限期把各地做过的较重要的发掘报告悉数出版。文博单位藏品要建立电脑资料库,并辑成图录。各种考古学文化应编制标准器物分期图谱,也要电脑化,以改变学习研究更多依靠经验的局面。这些,也将为将来大规模的主动发掘和研究准备条件。

20世纪后半,各国的考古学有一个共同的演进趋势,即越来越多地与新的自然科学技术相结合。中国学者在这一方面的反应是迅速的,例如在50年代后期就采用了当时发明未久的碳14同位素测年技术,建立了自己的实验室。近些年的发展更快,已经形成被称为"科技考古"的分支学科,在有的大学里建有系所或中心。

实际上,自然科学与人文社会科学跨门类的结合,乃是当前世界科学发展的总的倾向,而考古学是其间的一个适当而且重要的结合点。作为国家"九五"重点科技攻关计划项目的"夏商周断代工程",正是在这样的认识基础上设计的。"工程"一开始便提出:"要发挥我国社会主义制度的优越性,以自然科学和人文社会科学相结合,兼用考古学和现代科技手段,进行多学科交叉研究,将夏商周时期的年代学进一步科学化、量化,为深入研究我国古代文明的起源和发展打下良好基础。"[1]在"工程"结题的报告中还特别讲道:"应该循此前进,汇合更多的学科,采用更多的科技手段,对中华文明的起源及其早期发展做系统深入的研究。"[2]这样,与自然科学的结合,不仅是促进考古

---

[1] 夏商周断代工程专家组编著:《夏商周断代工程1996—2000年阶段成果报告·简本》,世界图书出版公司,2000年,第91页。
[2] 同上书,第85页。

学研究的重要因素，也为整个古代文明研究所必需。

在考古学研究中，有不少疑难问题可以由新的技术来解决，下面试举几个例子来说明。

比如，大家希望能有一种从空中或地表简易地探测出地下遗存的方法。过去的堪舆书有一部《透地眼》，现在最好有科学的"透地眼"，可以更迅速准确地划定遗存范围，使地下蕴藏易于保护和发掘。这里说的遗存，包括遗址和墓葬，可能位于地表下较深的位置，还可能不包含金属或石质的遗物，对于探测技术自然是困难的要求，但不能说是绝对无法实现的。

还需要有更多样更精确的测年技术。碳14测年的改进，已使之能适用于文明研究的范畴，不过含碳14的标本毕竟是有限的。对于陶器来说，热释光测年的精确度有待大加提高，更希望有新的测年手段。青铜器和玉器迫切需要一定的测年方法。由于伪品在一些场合充斥，测年还会起鉴定的作用。青铜器的测年，目前限于范土的热释光测定，这只能用于很少数的器物。玉器的测年，前些年有一种英文刊物《玉友》(*Friends of Jade*)，曾提出设想的方法，也未得实验证明。陶器、青铜器、玉器是中国古代最常见的遗物，有关技术如能突破，影响是很大的。

假如从广义的古代文明研究来看，就可以认识到，与自然科学技术的结合不仅仅是利用已有的科技手段、仪器之类。中国古代文明，自起源到早期的发展，跨度可能达到3 000来年，对这样长远而且重要的时代的科学考察，难道对科技本身不能有所推动吗？

这也可以设想几个例子。其一是关于当时生态环境的研究。过去长期流行文明产生于大河流域的学说，因而黄河为中国文明摇篮的说法盛传，近来又变为长江、黄河"两河"之说。有些学者不同意，像英国的汤因比，在《历史研究》中主张"挑战与反应"说，有"多难兴邦"的意味。中国古代文明究竟是在怎样的环境下酝酿形成的，其发展又如何作用于环境，是非常重要而且有较大现实意义的问题。解答这一问题，并导出有广泛意义的推论，要求有自然科学、人文社会科学多学科的参加。

国内业已开始了古代人DNA的采集和研究，这无疑会有重大的科学价值。中国进入文明以来，境内族群的传袭、分合、流动等等历程，太需要探讨研究了。举一个最眼前的例子，殷墟的贵族和所谓人牲、人殉，究竟是否为共同族属，便可通过DNA研究来回答。当然，这方面工作绝不可操之过急，必须有充分的积累，才能取得预期的效果。

我设想，用电脑处理古代汉字，或许会得到有特殊价值的成果。汉语是罕见的孤立语，汉字也是一种独特的文字系统，在始初有很多象形因素，随后形声渐增。今天人们读汉字，其实极少做分析功夫，而是把字作为"格式塔"（完形）的符号对待。汉字怎样演变成这样一套系统，是与人的感官和脑拾取、处理这种完形符号有关的。人既然能很顺适地接受和运用这种符号，原理上这也应该能在电脑中实现。

以上的举例，已经涉及了古文字学的领域。现代中国学者所说的"古文字学"和（汉语的）"文字学"很不一样，这种有些奇怪的情形完全是学科的历史造成的。今天一般说的"古文字学"是专指对出土文字材料的研究,这本身即是位于考古学、历史学及语言文字学之间的边缘。古文字学常被划分为四个分支,就是甲骨学、金文研究、战国文字研究与简帛研究,都有专门的学者从事。

从金文研究的近年进展,最容易看出其不能局限于文字方面的趋势。不少学者都意识到,青铜器的研究不可以铭文为限,而是要自其形制、纹饰、铭文、功能、组合、工艺技术等因素进行综合考察,更需要参照出土情况等考古学材料。北宋以来偏重铭文的倾向,已逐渐得到纠正。

甲骨研究何尝不是如此?"甲骨学"一名的出现即已显示出研究扩大的方向。研究甲骨同样应该由考古材料出发,不能离开甲骨本身种属、形制、整治等等的鉴定分析。只是甲骨以非发掘品为多,收藏分散,大多数学者难于直接接触,不得不将视野缩小到著录的拓片摹本而已。以发掘品为中心,全面考察甲骨的诸方面,还有好多工作待做。仅依靠墨拓文字的研究,是不能窥见甲骨的全豹的。

这样说,自然并不意味甲骨、金文的识读考释工作已经足够了。以殷墟甲骨文字来说,迄今发现的 4 000 多个字,可以放心地讲已正确释读的尚不到 1 500 个。我曾说:"经过几代学者的努力,甲骨文中比较容易识读的文字,可以说早已识读完了,剩下的都很难突破。但是,如果不能在文字识读上取得进展,甲骨学的新成果恐怕是谈不上的。"[1] 文字的识读,有的只需

---

[1] 李学勤著:《甲骨百年话沧桑》,上海科技教育出版社,2000 年,第 68 页。

缜密的分析，有的则有待更多的发现。无论如何，在现有条件下，再释出相当数量的甲骨、金文的字是可能的。问题是，我们应当有计划地重点识读那些有关键意义的字，以便对甲骨、金文的内涵有更深入的理解。

目前正有学术机构将甲骨、金文材料输入电脑。记得唐兰先生讲过，电脑什么都能做，但是不能新释古文字，因为释读古文字是一种发明。唐先生的意见是完全对的，不过电脑资料库还是会有助于识读古文字，特别是在检验识读是否准确方面。

甲骨和青铜器的分期，在20世纪后半有了很大进展，而且带来了很引人注目的影响。这里想专门说一下青铜器的分期研究。商代，尤其是商代后期（殷墟期）青铜器的分期，应该在殷墟发掘品的分期基础上扩大开去，同时注意出土地区的差别。这项工作，现在便可以着手，但是如果把非发掘品尽可能包括进来，整理恐非易事。

西周青铜器的分期，以往主要由铭文出发，各家异说纷纭，莫衷一是。"夏商周断代工程"为了建立西周历谱，设立专题，"以西周青铜器中可供西周历谱研究者为主，就其形制、纹饰做考古学的分期断代研究"。由王世民等先生完成的专题报告，已以"西周青铜器分期断代研究"为题出版。这部书运用考古学类型学的方法，澄清了这一时期研究中的许多疑难。[1] 由此可见，把类型学方法全面运用于西周及其他时期的青铜器，一定还会带来非常有价值的结果。

1　王世民等著：《西周青铜器分期断代研究》，文物出版社，1999年。参看李学勤：《西周青铜器研究的坚实基础——读〈西周青铜器分期断代研究〉》，《文物》2000年第5期。

战国文字研究可以回溯到西汉时"古文"书籍的发现读释，在古文字学各分支中历史最久，而在近年又成为发展最快的一个分支。这方面的研究，把殷商、西周、春秋文字和秦汉文字（包含《说文》）之间的缺环补满了，好多成果都出人意表。更重要的是近年大量战国简帛书籍发现，都有较长上下文可供推求，有些甚至能与传世本对勘，从而辨识出不少过去无法释读的字，并为一些商周文字提供了识读的线索。估计这一类材料还会陆续出现，我们应当把握机会，赶快编制战国文字电脑资料库，有系统、有步骤地加以释读，同时由之上推商周文字。

由战国文字"上推"的方法，还可以延展，即由秦汉文字"上推"，由《说文》"上推"。不妨普遍检查一下，《说文》的字与部首到底能上溯到哪一时期，其间分合衍变的状况如何。在当前的条件下，这项工作是值得做，也是能够做的。这种研究，可称为汉字的字源学。

研究古文字，需要认识到在秦汉以前，中国也不是只有汉字这一种文字系统。我国从来是多民族、多地区的，从考古学说，有过很多考古学文化，在汉字以外还有别的文字出现过、存在过，是不奇怪的。比如年代很早的刻画或绘写的符号，我们用甲骨、金文的知识去释读，这只能像我一直强调的，是一种试验。用其他后世的文字知识去释读，也是同样，不过甲骨、金文究竟较早而已。

近年大家对巴蜀文字的认识，随着材料的增多，逐渐趋于明确了。新见的巴蜀文字玺印、成都船棺葬等处发现的巴蜀文字题铭，不作为文字是难于解释的。只要把握这种文字不是与汉字一样的文字系统，便不会误解它的性质。巴蜀考古正在迅速开展，新材料还将涌现，相信巴蜀文字会在不久的将来得到解读。众所周知，世界上没有解读的古代文字不多，巴蜀文字的解读必成为学术界的大事。

上文已经谈到了简帛书籍的发现和研究。近年大量发掘出土的简帛书籍，有战国时期的，也有秦汉的，业已对古代研究，特别是学术思想方面，起了非常重大的影响。这种影响已为大家共同感受到，我也曾在好多场合讨论过[1]，这里便不再详说。最重要的一点，是这一系列发现使我们对中国古代十分丰富的传世文献有机会再做省察，从而改进关于古代文明若干基本问题的认识。

在新的认识之下，一些文献方面的基础性工作需要重新来做。例如，根据简帛书籍的研究，长期流行的关于古书辨伪的种种论点有必要重新考虑了。事实上，在学术界早已有这样的动向，读者只要对看一下张心澂《伪书通考》与郑良树《续伪书通考》，即可明白。当前很值得做的，是对《汉书·艺文志》的著录从头做一番检讨，这可作为文献研究的一个中心项目。

历史地理的一些基础工作也应重新来做。多年以来，把商周地理范围想象得颇为狭窄，因此对文献与古文字材料中的地名考证总是力求其近，这不能说是实事求是的。结合考古研究，将能对中国古代文明的空间分布有新的见解。

年代学方面，"夏商周断代工程"的"年表"是一项阶段性

---

[1] 李学勤著：《简帛佚籍与学术史》，江西教育出版社，2001年。

成果，正有待补充和修正。即使是春秋战国时期，年代学也仍有不少待深入研究的疑难。系统整理诸子百家著述，并与年代研究结合的学术史编年工作，在钱穆《先秦诸子系年考辨》后，还没有人全面去做。现在有了简帛书籍，这项研究已是非做不可，相信会得出令人惊异的新成果。

今天已经不能要求学者对古书全凭记忆背诵。香港中文大学的学者已完成汉晋以上古书的逐字索引，希望及早再出光盘版。和考古、古文字等方面一样，文献材料的充分电脑化，将大为便利研究的进展。

常常听到有学者提到，希望多接触一下众人视为畏途的经学的问题。经及其历代注疏确乎是中国古代文化的中心部分，与古代文明的许多方面有重要关系，是大家熟知的。我曾引用周予同先生所说，经学的时代已经过去[1]，经学史的研究却是必要的。理解这一点，不难看到历代经学都对古代研究有或多或少的价值。在有关经学的中外著作的辑集编目等方面，已有学者做了很好的工作，我们应该在文献研究中更多地利用这类成果。

大家都会注意到，古代研究中的好多问题，在历史上是经学家们注意并且讨论过的。他们的意见，每每值得我们参取。不过，经学史上有一个问题，就是门户派别之见。尤其是晚清以来的这种偏见，给后来学者带来不少影响。了解经学史的实况，有利于知悉这些偏见产生的背景，从而摆脱其束缚。这也

---

[1] 当然还有学者反对这一点，例如熊十力著：《读经示要》（卷一），洪氏出版社，1978年，第11页。

是经学史应该更多研究的原因之一。

《周礼》一书的长期被忽视,正是经学史上的偏见造成的。近些年有学者对照西周金文与《周礼》,论证了这部书多可信据。礼制是中国古代文明的重要内涵,古人已说明三代礼制有因革的关系,所以由周礼上推,一定可以帮助理解夏、商的礼制,避免对考古所见有关现象任意解释的弊病。孙诒让的《周礼正义》已为这种研究提供了一定基础。更好地结合考古学、古文字学来研究古代礼制,看来是很必要的。

最后,还想谈一谈中国古代文明研究的理论意义。

世界上不同地区的人民,在不同的条件下,于不同的年代,分别跨进文明的门槛。各个古代文明的产生和演进,有共同的规律性,也有其特有的途径。中国地域广阔,居民众多,其古代文明起源与早期发展的过程,不仅对于研究中国,而且对研究整个人类的历史也有非常重要的价值。

我们的马克思主义历史学家很早就重视这一点,郭沫若先生1930年出版的《中国古代社会研究》,便提出要补充《家庭、私有制和国家的起源》。

近些年国内论著常加征引的考古学"文明"要素,即(1)有5 000人以上的城市、(2)有文字、(3)有大型的礼仪性建筑,其说来自英国丹尼尔的《最初的文明:文明起源的考古学》。这种说法,最早是在美国的一次关于美索不达米亚考古的研讨会上提出来的。这是否也可作为中国古代进入文明的标准?中国的历史现实能否对此有所补正?乃是特别需要探索的课题。

中国古代的许多情况与世界其他地区有所差异,中国内部又是多民族、多地区的,这为各种不同层次的比较研究准备了很好的条件。这方面可供探讨的空间,简直是难于估量的。然而,我们对于外国古代的知识还非常有限,这样的状态,应该迅速予以改变。中国学者不但有责任研究自己的古代,也应该把自己的智慧、技能投入世界古代的研究。这样才能真正体现出,中国古代文明是世界文明历史的不可缺少的组成部分,不充分揭示中国文明的实际,世界古代文明的源流便不能得到完整的阐述。

在新的 21 世纪,中国古代文明研究将得到前所未有的发展,其成果将上升到理论的高度,这是我们在这个学科领域可有的贡献。

原载《在 21 世纪的地平线上》,
东方出版社,2001 年

古代文明与文化发展战略

这次会议给我出个题,因为我是研究古代的,让我来谈一谈古代文明与未来的文化发展战略有什么关系。我就想从这一点谈一谈个人感想,谈错了的地方,希望大家批评指正。

我想谈三点。第一点,从历史学、考古学的立场,对中国传统文化的研究谈一点感想。

中国的文明,是世界上有数的几个有自己独立起源的古代文明之一。大家知道,全世界的文明有很多个。英国的历史学家汤因比在《历史研究》中,把世界上的文明分成21个,每一个文明都有生老病死的过程。可是,21个文明并不都有独立的起源,有的文明是在其他文明的影响之下才能形成。我们大家都比较熟悉我们的近邻日本,日本的文明在世界上是很有特色的,可是日本的学者都承认日本的文明是在中国的影响之下形成的,它不是独立起源的。世界上独立起源的文明数量并不多,中国是其中之一。另外一方面,如果是从文明的绵延久远来说,其他独立起源的古代文明,有的跟我们一样久远,像古代埃及、美索不达米亚(两河流域)、印度等等,甚至于美洲的一些古代文明也都很早,可是这些文明都中断了,到后来都没有了。即使是希腊、罗马的古典文明,也是曲折传流的。在世界上能够直接绵延到今天的古代文明,应该说只有中国。所以我们中国人以我们五千年的优秀文化传统自豪,我想是当之无愧的。

说起我们中国的文明有什么样的特质,这个问题应该是我向在座各位先生请教学习,不是我所能讲的。我作为研究历史和考古的人,这些年有一个看法,就是中国古代的文明是多源的而且是开放性的。中国的传统文化不是只有一个起源。过去人们常说黄河是中国文明的摇篮,好像中国的整个文明就是在黄河流域,特别是黄河中下游地区,起源和发展来的。现在从考古学来看,不是这样,长江流域还有其他地区也起了很大作用。中国古代灿烂辉煌的文明是在我国境内的多个地区由多个民族共同缔造的,同时在自己独立发展的基础上,也吸取了境外的各种文化的精华因素,才形成了这样一个绵延久远的文明。周、秦、汉、唐这几个时代,之所以能够在世界的文化历史上起重大的作用,就是因为它是开放性的,能够和境内境外各个地区、各个民族的文化交往、交流,能够吸收一些精华的东西,因此我们中国文化的辉煌才能得到进一步发扬。

从这样一个角度来看,我们中国文化就有一个发展性。它是不是自古以来不变的东西?其实中国古代的文化是不断改变的。它是在不断地吸收各个地区、各个民族甚至境外的各种优良文化的过程之中滚动发展的。我想这一点是不是也是我们的历史经验?就是我们跨入下一个世纪,还应该广泛地吸收世界上的各种优良的文化因素。

关于 21 世纪的文化应该怎样发展,这是一个真正的大题目。我很希望今天能够听在座的各位先生给我一些指教。"夏商周断代工程"有一个很重要的方面是可以向大家介绍的,就是我们力图做到自然科学和人文社会科学相结合,我想这是一个很重要的方面。现在世界上的有识之士都不满足于把科学和人文分割开来看待。前一个时候,在清华召开一个座谈会,有学者特别介绍过去美国一位大学校长的讲话,题目是"不要做半个人"。你仅仅懂得自然科学技术,忽视了人文精神,这只是半个人,我们不能做半个人。我想21世纪应该培养完整的人,培养完整的人类文化,不能是半个。既不能是保守的只有文科的文化,也不能是一种单纯的只有科学技术的文化。而是应该把科学和人文精神相融合成一体的整个的人类文化,这就是我想在这儿谈的第二点。

我们中国的传统的文化一直绵延到今天,我们这个文化在21世纪的世界上应该占据怎样一个位置?这个问题也应该从历史来看。中华民族的文化在世界能够占怎样的位置,是一个非常高远的问题,也是一个非常实际的问题。为什么说是一个实际的问题呢?老实说,这跟我们中国的国家地位有关。英国有一位汉学家,写了一本书《中国变色龙》,意思说外国人对中国的看法总是改变,改变的依据就是中国的国力是否强大。外国人开始接触中国的时候,像伏尔泰、狄德罗、莱布尼茨这些人,对中国非常尊重。法国重农学派的凯奈专门写了一本书《中国专制主义》,这里"专制主义"不是一个坏词,是要法国王朝学习中国的政治、文化。这是为什么呢?那时候外国人眼睛里的中国,是一个堂堂大国,有很多好的东西。后来外国人在炮舰外交之下,把中国的貌似强大揭穿,把清王朝的腐朽揭露出来了,就觉得中国很不怎么样了,中国的形象就非常差、非常愚昧无知了。现在我们中国人又重新站立起来了,中国的形象又变好了。所以说，中国的文化在世界上的形象和我们的国家地位有关。如果我们没有一个繁荣昌盛的国家，就没有人看得起我们的文化，我们中国的文化在将来世界的文化里面，就不能占有多少地位，将变成一种化石，一个博物馆的陈列品。我们希望我们的文化在21世纪，在世界越来越交融的文化里面占据更好的位置。这一点看法是不是对，也希望大家能够给予指教。

我觉得我们当前有一个很重要的工作值得做，很希望各位先生能够给予支持。我们现在到了一个世纪之交的时候，这不是日历上的问题，不管从世界来说还是我们中国来说，确实现在是一个关键时刻，是一个很大的转折与变革的时代。在这个时候，很重要的一件事，就是要总结回顾20世纪学术文化的发展。20世纪学术史或者说20世纪学术文化史的研究，是当前一个非常重要的课题。因为我们如果不去回顾总结，我们就没有办法在21世纪起更好的作用，这就是我谈的第三点。

原载《文艺研究》1998年第4期

第二讲

古代文明的发展过程

中国古代文明的起源

中国有着悠久的历史，创造过灿烂的古代文明。中国文明在整个人类文明史上据有重要地位。这种文明在什么时候和什么地方诞生，又怎样兴起和发扬光大，不仅中国学者在长期进行探讨，国际学术界也把它当作相当热门的研究课题。

按照马克思主义的观点，文明起源的问题也就是阶级社会和国家起源的问题。马克思、恩格斯在其晚年仔细研究了美国学者摩尔根的著作《古代社会》。马克思写有《摩尔根〈古代社会〉一书摘要》，恩格斯于1884年出版了《家庭、私有制和国家的起源》一书。恩格斯在这本经典著作里，以唯物史观详尽地分析了人类由野蛮到文明的发展历程。他根据希腊人、罗马人和德意志人等实例，探索了氏族制度如何解体，研究破坏氏族组织以至将之消灭的经济条件，指出"文明时代的基础是一个阶级对另一个阶级的剥削"[1]。这些研究和结论，奠立了马克思主义关于文明起源的基本理论。

由于当时的历史条件，恩格斯的著作没有具体讲到中国。马克思主义传来中国以后，便有学者开始把《家庭、私有制和国家的起源》的理论运用到中国古史的研究中去。1929年，郭沫若发表了《中国古代社会研究》，他以恩格斯这一经典著作为

---

[1] 中共中央马克思恩格斯列宁斯大林著作编译局编：《马克思恩格斯选集》（第四卷），人民出版社，1972年，第173页。

向导，研究了恩格斯未曾提及的中国的古代社会。此后，有不少马克思主义史学家，在他们的作品中接续着郭沫若的工作。

十月革命后，苏联的一些史学家曾对中国文明的起源问题做过研究。在西方，恩格斯著作的观点影响到人类学、考古学界，例如英国的考古学家戈登·柴尔德关于史前考古和古代文明的若干看法，像新石器时代革命、城市革命一类观念，传播的范围是相当广的。20世纪60年代后期以来，西方学术界出现讨论文明起源问题的热潮，有一系列论著，如1968年丹尼尔的《最初的文明》，1975年塞维斯的《国家与文明的起源》，1978年穆瑞主编的《文明的起源》和柯恩、塞维斯主编的《国家的起源》等，都代表了这一趋势。这些作品，在不同程度上也涉及中国的古代文明。

近十几年来在中国，文明的起源也是学术界非常重视的题目，史学界和考古学界应用马克思主义历史观进行了认真的研究，发表了许多论作。这些新作的思想观点，与《中国古代社会研究》等早期作品相比，有着颇为显著的发展。综合起来看，可以说有以下几项特点：

第一，加深理论的探讨。

研究中国文明起源问题的著作，大都坚持马克思主义的基本理论，同时借鉴吸收了晚近国外一些论著的观点。这特别表现于文明的标志或要素的讨论。按马克思主义理论，阶级和国家是文明产生的根本标志，但对于判断某一古代社会（尤其是考古工作中的具体古代遗址）是否属于文明社会来说，还可以提出若干要素作为根据。在国外著作中，上面提到过的英国丹尼尔的《最初的文明》即列举文字、城市和复杂的礼仪中心三项要素，并且说只要一个社会具备其中两项，便可判定属于文明。日本贝冢茂树在1977年出版的著作集《中国古代史学的发展》的补记里，则举出青铜器、宫殿基址、文字三项要素。

1983年，夏鼐先生应日本广播协会之邀作公开演讲，其中一次以"中国文明的起源"为题。他说："现今史学界一般把'文明'一词用来以指一个社会已由氏族制度解体而进入有了国家组织的阶级社会的阶段。这种社会中，除了政治组织上的国家以外，已有城市作为政治（宫殿和官署）、经济（手工业以外，又有商业）、文化（包括宗教）各方面活动的中心。它们一般都已经发明文字和能够利用文字进行记载（秘鲁似为例外，仅有结绳纪事），并且都已知道冶炼金属。文明的这些标志中以文字最为重要。"[1] 这样的见解，当前在国内学术界较为通行。

第二，强调考古学的重要。

在《中国古代社会研究》撰著的时代，现代考古学在中国刚刚发轫，还没有取得多少成绩。经过60年左右的辛勤努力，中国考古学已具有举世公认的辉煌成果。中国古代文明，包括其产生和形成时期的面貌，业已在考古学者的锄头下逐渐显现出来。

世界各种古代文明的起源问题，无例外地都要依靠考古学成果来研究解决。这是因为从野蛮过渡到文明的历史阶段，文字仅处于萌芽状态（在某些地区还没有发明），自然不能有直接

---

[1] 夏鼐著：《中国文明的起源》，文物出版社，1985年，第81页。

的系统的记载。中国古代有大量典籍,不少传流至今,但涉及文明初期的材料究竟是有限的。研究这方面应以考古材料为主,已成为学术界的共识。

第三,重视传说的价值。

上面说考古学重要,不等于认为传世古籍中的古史传说没有意义。晚清以来兴起的疑古思潮,以为古史传说所指的时代越古,后人作伪的成分就越多,也便更不能凭信。20世纪50年代已有学者不赞成这一观点,他们对古史传说做了细心的整理分析,发现了好多有价值的线索。随后,有的学者还根据传说进行考古调查,如徐炳昶对豫西夏文化的调查工作,有很引人注意的收获。

1982年底,尹达为《史前研究》杂志的创刊写了一篇《衷心的愿望》,是他最后的学术论文。他在这篇文章里问道:"我国古代社会的传说究竟是否全属伪造?在这些疑说纷纭、似是而非的神话般的古史传说中是否有真正的社会历史的素地?"他认为,考古学的发展已经"充分证明这些神话的传说自有真正的史实素地,切不可一概抹杀"[1]。

第四,反对文明起源单元论的观点。

在研究古籍中的传说方面,邵望平关于《尚书·禹贡》的论文[2]很令人发生兴趣。文章提出,公元前第三千年期间,特别是其中晚期,黄河、长江流域的史前文化发生了大的社会变革,

---

[1] 中国社会科学院历史研究所中国史学史研究室编:《尹达史学论著选集》,人民出版社,1989年,第450页。
[2] 邵望平:《〈禹贡〉"九州"的考古学研究》,载苏秉琦主编《考古学文化论集》(二),文物出版社,1989年,第11—30页。

进入考古学上的龙山时代。这个时代形成的龙山文化群体,是中国文明形成的基地。《禹贡》记述的九州,在很大程度上与当时的文化区系相对应,其内容之古老、真实,绝非后人凭想象所能杜撰。邵望平认为,中国古代文明以黄河、长江流域为基地,以中原地区为中心,是多源的。过去考古学尚未取得足够材料去打破中国文明起源于中原的单元论,现在考古学已为中国文明起源的研究打下新的基础,单元论的传统观点就被打破了。

文明起源单元论的破灭,是考古工作在全国各地进一步普遍开展的结果。许多地区考古学文化演进情况逐步清楚,使各种文明要素产生的过程也趋于明朗了。下面试从几个方面,勾画一下中国史学界和考古学界应用马克思主义历史观研究中国古代文明起源的初步结果。

首先,谈一下金属的使用。

按照马克思主义历史观,生产力是经济基础中最活跃的因素,而在生产力中,生产工具的进步又是生产力发展的标志。

现代考古学证明,不少古国的文明时代的开始和青铜时代的到来大体相当。中国的青铜时代是在什么时候开始的,长期以来是学术界十分关心的课题。

人们都知道,商代已经是青铜时代,而且青铜器的制作工艺达到了非常复杂发展的高度。不过,直到20世纪50年代,大家所知道的商代青铜器,只限于商代后期(大约公元前1300年商王盘庚迁都到殷以后)的器物。这在考古学上叫作殷墟期的青铜器。比殷墟期更早的商代青铜器,是通过河南郑州和辉县等地的发掘而确定的，由于郑州二里岗出土的这种器物较多，就叫作二里岗期的青铜器。

二里岗期青铜器属于商代前期，其工艺当然不像殷墟期那样发展，但仍然是有相当高度的。这种青铜器特点是器壁比较薄，花纹比较简单，可是礼器、兵器、工具品种齐备。殷墟期的主要器种，这时都已经有了。有的器物形制很大，例如方鼎的高度有达到一米的，比殷墟期最大的后母戊方鼎只低0.33米。这个时期青铜器的出土地点分布得相当广，远到长江中游的湖北黄陂、陕西汉中的城固都有不少发现，而且其形制、花纹和郑州等地所出差不多一样。这说明，商代前期的青铜工艺绝不是原始的。

比二里岗期更早的青铜器，主要是在河南偃师二里头遗址发现的，所以叫作二里头文化青铜器。若干学者主张二里头文化就是夏文化，他们的意见如果不错，这种青铜器便属于夏朝。无论如何，二里头文化显然是青铜时代的，所出器物虽比二里岗期的商代青铜器又粗糙简单了一些，然而仍然不是原始的。据发掘者统计，二里头遗址出土的礼器有鼎、爵（数量最多）、觚、斝、盉，兵器有戈、戚、箭镞，工具有凿、锛、锥、钻、镬（陶范）、刀、刻刀、鱼钩等，另外还有铜铃、铜泡和铜饰牌等物。这些器物的工艺颇为复杂，使用了合范法浇铸，还有分铸、接铸的技巧。有的器物镶嵌有美丽的绿松石，有多种纹样，个别器上还发现有鎏金痕[1]。这充分表明，当时的人们能够制造

---

[1] 白云翔、顾智界：《中国文明起源座谈纪要》，《考古》1989年第12期。

出更大更复杂的青铜器，可能蕴藏在迄今尚未找到的大墓里面。

过去，有人看到殷墟期青铜器很发达，又还没有找到更早的渊源，就认为这种生产技术是外来的。现在二里头文化的发现已将中国青铜器的传统上溯到夏代，那么这个传统的根源在哪里呢？

在近年的考古工作中，从青海、甘肃、陕西到河南、山西、河北、京津、内蒙古，以至山东，都发现有年代早于或相当于二里头文化的铜器或者制造铜器的遗存。其中年代最早的，当推1973年在陕西临潼姜寨一座仰韶文化房子基址发现的半圆形残铜片[1]，房子的碳素测定年代是约公元前4700年。这块铜片经科学分析，是含有锌的黄铜，可能是用含锌的铜矿石炼成的。同一遗址还出土一件铜管，也是黄铜的。

1987年，在内蒙古敖汉旗西台的红山文化房子基址中发现了多块陶范，可能是用来铸造鱼钩的[2]。红山文化年代的下限在公元前3000年左右，陶范不会晚于这个年代。

1975年，在甘肃东乡林家遗址的一处房子基址北壁下发现一柄铜刀。遗址属甘肃仰韶文化马家窑类型，该房子基址的碳素测定年代为约公元前3200年。此数据可能偏早，可估计为公元前3000年左右。经科学鉴定，铜刀是含锡的青铜，系用两块范浇铸制成，这是我国已知最早的一件青铜器。

以上所举，仅是早期铜器的一些例子。根据已有的种种发现，有学者提出，仰韶文化可划为晚期新石器时代到早期

1　巩启明：《姜寨遗址考古发掘的主要收获及其意义》，《人文杂志》1981年第4期。
2　白云翔、顾智界：《中国文明起源座谈纪要》，《考古》1989年第12期。

铜石并用时代，龙山时代则是晚期铜石并用时代[1]。还有学者主张，龙山时代的中晚期已经是青铜时代了[2]。值得注意的是，上述一些最早的铜器都是经过冶铸的，而按照冶金史的一般规律，在发明铜器的冶铸工艺之前，应该有利用天然铜加以锻打来制造铜器的阶段，当时的铜器乃是纯铜（红铜）的小件器物。国外的铜石并用时代，主要是这种器物，而在中国这样的阶段还没有被认识。有文章以为这是中国冶金史的特点，中国并没有经过这样的阶段[3]。是否如此，尚待今后考古工作来证明。

其次，看文字的产生。

摩尔根的《古代社会》认为，文明"始于标音字母的发明和文字的使用"。恩格斯肯定了这一看法，并说野蛮时代的高级阶段"由于文字的发明及其应用于文献记录而过渡到文明时代"[4]。由此可见，文字是文明的一项重要因素。中国古代文字主要是早期的汉字。关于汉字的起源，《荀子》《吕氏春秋》等古书都说黄帝时仓颉造字。黄帝的年代约当公元前第三千年的前期。这一传说当然有待考古材料加以证明。

很多人以为殷墟的甲骨文是最早的汉字，这是不正确的。甲骨文只不过是商代后期的文字，字的个数已经超过4 000，

1　严文明：《论中国的铜石并用时代》，《史前研究》1984年第1期。
2　白云翔、顾智界：《中国文明起源座谈纪要》，《考古》1989年第12期。
3　金正耀：《中国金属文化史上的"红铜时期"的问题》，《中国社会科学院研究生院学报》1987年第1期。
4　中共中央马克思恩格斯列宁斯大林著作编译局编：《马克思恩格斯选集》（第四卷），人民出版社，1972年，第21页。

而且从字的结构看，传统的所谓"六书"已经具备了。所以甲骨文是一种发展水平相当高的文字系统，汉字的演变在它以前肯定有一个很长的过程。

近年关于中国文字起源的探讨，主要和年代较早的陶器上面的符号有关。这种刻画符号发现已久。20世纪30年代在山东章丘城子崖的考古发掘，就获得一些有刻画符号的龙山文化陶片，不过没有得到太多注意。50年代陕西西安半坡的发掘，发现了一大批仰韶文化陶器刻画符号，这在1963年出版的《西安半坡》报告中公布，很快就引起古文字学者的重视。

有刻画符号的仰韶文化陶器，都属于半坡类型，迄今已在渭水流域的陕西西安、长安、临潼、合阳、铜川、宝鸡和甘肃秦安等不少地点发现。在这一地区早于半坡类型的文化的陶器上，也出现了刻画符号。半坡类型的陶器符号大多刻于器物烧成以前，器种绝大多数是陶钵。符号有固定位置，一般在钵口外面的黑色带缘上。符号有的简单，有的则相当复杂，接近文字，比如临潼姜寨的一个符号就很像甲骨文的"岳"字（图2-1）。

图2-1 临潼姜寨刻画符号（左）与甲骨文"岳"字（右）

晚于仰韶文化半坡类型的不少种文化，也都有类似的陶器符号，有的还是用毛笔一类工具绘写的。例如青海乐都柳湾出土的马厂类型彩陶壶，下腹部外面常有绘写的符号，据统计有50多种。龙山时代的文化、二里头文化的陶器，也发现了不少符号。河南登封王城岗两处龙山文化晚期灰坑中出土的陶片，刻有异常复杂的符号（图2-2），很像文字[1]。山西襄汾陶寺龙山文化陶寺类型晚期居址出土的一件陶扁壶，有毛笔朱书的一个"字"和其他两个符号[2]。至于商代前期即二里岗期陶器上面的符号，有的已很明显是近似甲骨文的文字。总的说来，从仰韶文化以来，陶器符号可以说是向甲骨文那样的文字趋近。

图2-2　登封王城岗 H130 出土陶文

文字起源与陶器符号有关的情形，在其他古代文明中也有实例。据有的外国学者研究，古埃及文字的起源可追溯到公元前4000—前3000年的陶器上绘写、浮雕或刻画的符号[3]。这个

1　李先登：《关于探索夏文化的若干问题》，《中国历史博物馆馆刊》1980年第2期；李先登：《王城岗遗址出土的铜器残片及其它》，《文物》1984年第11期。
2　白云翔、顾智界：《中国文明起源座谈纪要》，《考古》1989年第12期。
3　李学勤：《中国和古埃及文字的起源——比较文明史一例》，《文史知识》1984年第5期。

年代和中国的陶器符号是差不多的。

这一类符号并不限于陶器。1984年至1987年在河南舞阳贾湖进行的发掘[1]，从相当于裴李岗文化的墓葬中发现了一版完整的龟腹甲和另外两个龟甲残片，上面都刻有符号，有的像甲骨文的"目"字，有的像甲骨文的"户"字。还有一件柄形石饰，也有刻画。墓葬的年代，据碳素测定不晚于公元前6000年。这项发现的意义，还有待进一步研究。

上面谈到的各种符号，性质如何，学术界尚有不同意见。还有一种陶器符号，大多数学者认为可能是原始文字，这就是大汶口文化的陶器符号（图2-3）。

图2-3 大汶口文化陶器符号

---

1 河南省文物研究所：《河南舞阳贾湖新石器时代遗址第二至六次发掘简报》，《文物》1989年第1期。

大汶口文化分布在山东、江苏北部及河南东部一带，年代在公元前4300—前2500年之间，其后身是山东龙山文化。陶器符号属于大汶口文化晚期，发现最早的是1959年山东宁阳堡头（大汶口遗址）出土的一件灰陶背壶，上面有毛笔绘写的朱色符号。后来在山东莒县、诸城陆续发现一批灰陶尊，都刻有符号一处或两处，有的还涂填红色。这些符号的位置和结构很像商代青铜器铭文。1977年，唐兰曾把他所见到的几种符号释为"斝""斤""戌""炅"等字。到现在为止，这种符号已出现9种[1]。

值得注意的是，分布地域和大汶口文化毗连的良渚文化也有类似的符号。良渚文化在江苏南部到浙江北部，年代同大汶口文化中晚期相当。良渚文化个别陶器有成串的刻画符号，同时在不少玉器上也有符号。有符号的玉器有璧、琮、环、臂圈等，符号的刻画位置独特，不同器上花纹混淆。有的符号为了突出，还特别施加框线或填有细线。良渚文化玉器符号已发现11种，其中5种和大汶口文化陶器符号相同或近似。这些符号试用古文字学的方法分析，大多能够释读[2]。

大汶口文化和良渚文化是两种颇不相同的文化，但互相有密切的关系。1987年在江苏新沂花厅发掘了一大批大汶口文化墓葬，其中出土不少良渚文化玉器，说明两种文化的人民存在着交往。两者符号的相通，很可能标志着这些符号是原始文字。

再说城市的出现。

---

1 李学勤：《论新出大汶口文化陶器符号》，《文物》1987年第12期。
2 李学勤：《论良渚文化玉器符号》，载湖南省博物馆编《湖南博物馆文集》，岳麓书社，1991年。

按照马克思主义历史观，原始城市的产生是古代文明进步的一个重大标志，因此，学术界普遍重视城市的产生问题。但什么是城市，原始聚落同城市如何区别，仍是探讨中的问题。学者中的多数倾向于认为，城市的主要标志是反映出阶级的社会结构。城市不一定有城墙，例如中国商代后期的殷墟，经过多年的发掘，只在宫殿基址外围发现防御性的水沟，并未找到城墙（最近发现的洹北商城，时代似早于盘庚迁殷）。另外人口的规模可以作为城市的参考标志，例如丹尼尔便主张城市应容纳至少5 000人。

殷墟是典型的中国古代城市，包括宫殿基址、陵墓、居住遗址和手工业遗址，其性质是不容争议的。商代前期的城市，可举出河南偃师尸乡沟商城、郑州商城和湖北黄陂的盘龙城等。偃师商城是1983年发现的，位于县西大槐树村南，南临洛水。已探出东、北、西三面城墙，南北距约1 700米，东西最宽处1 215米，面积约190万平方米。城内发现了大型建筑基址、道路等。这座城建于商代早期，其地望与古书所载汤都西亳吻合。郑州商城发现于1952年，遗址总面积达2.5平方公里。城东、南墙各长1 700米，西墙1 870米，北墙1 690米。城内发现有大型建筑基址，城外也有许多手工业遗址、墓葬等遗迹。有些学者认为这座城是商王仲丁的都城隞。盘龙城发现于1954年，位于长江北岸不远，城较小，南北约290米，东西约270米，城内也有建筑基址，城外有居住遗址、手工业遗址、墓葬等。这些材料，说明商代前期已有规模可观的城市，而且有的是王都，有的可能是诸侯国的都邑。

前面曾经提到的河南偃师二里头遗址，距尸乡沟商城不远，可能属于夏文化，有人主张是夏都斟鄩。这处遗址没有发现城墙，但有大型宫殿基址及居住遗址、手工业遗址、墓葬等。

更早的城址也已有不少发现。

最早发现的是山东章丘城子崖的古城。中华人民共和国成立前1928年以来，曾在当地进行发掘，那时已找到城址，但由于认识限制，对城的年代犹豫不决。1989到1990年，在该地重做勘查试掘，证明是一处龙山文化、岳石文化（与二里头文化大致相当）、周代三城重叠的遗址。最下面的龙山文化城址，平面接近方形，南北最长530米，东西约430米，面积约20万平方米。勘查还证明，30年代发现的城址，是三城中的岳石文化古城[1]。

20世纪30年代在河南安阳后岗还曾发现龙山文化的夯土墙，可能也是当时的城址。

近年发现的龙山文化城址，有河南登封王城岗、淮阳平粮台和山东寿光边线王等处。登封王城岗城址包括相连的东西两小城，合计面积约2万平方米，城内有建筑基址。淮阳平粮台城址为正方形，面积约3.4万平方米，城内有建筑基址，城门有门卫房建筑，并发现排水管道等遗迹。寿光边线王城址略呈梯形，面积约4.4万平方米，有内外两城，城基下有奠基牺

---

[1] 山东省考古研究所：《城子崖遗址又有重大发现，龙山岳石周代城址重见天日》，《中国文物报》1990年7月26日第1版。

性[1]。需要注意的是，平粮台古城南、北两城门与城内建筑基址在一条直线上，已具有后世城市中轴线布局的雏形[2]。

上述这些龙山文化城址和古书记载的上古都邑有相合处，如传说太昊都陈，即今淮阳；禹都阳城，即今登封。安阳后冈在殷墟范围内，更不待言。周代，淮阳为陈国国都，寿光为纪国国都，章丘为谭国国都。这种情形，恐怕不会是偶合。

在北方，还发现了夏家店下层文化（相当于二里头文化和商代二里岗期）的城址。这种城址的墙多用石块垒筑，在内蒙古赤峰一带就发现了这样的石城43座，面积一般为1万—2万平方米。城内有用石块垒砌的房屋基址，最多的达600处以上。这些石城分布为三群，每群中有一座大城，最大的面积有10万平方米。夏家店下层文化也有夯土城址，如内蒙古敖汉旗大甸子城址，面积6万平方米。附属有相当大的墓地，包括随葬多组陶器的大墓[3]。此外，在内蒙古包头阿善、凉城老虎山也发现了石城，年代有可能更早[4]。

赤峰石城群的结构暗示，其中的大城可能是身份高贵者居住的"宫城"。由此类推，龙山文化面积较小的城址也可能是"宫城"，而一般人民在城外环居。这要求今后在考古工作中更注意勘查城址周围的环境。

---

1 曲英杰：《论龙山文化时期古城址》，载田昌五、石兴邦主编《中国原始文化论集——纪念尹达八十诞辰》，文物出版社，1989年，第268页。
2 俞伟超：《中国古代都城规划的发展阶段性——为中国考古学会第五次年会而作》，《文物》1985年第2期。
3 白云翔、顾智界：《中国文明起源座谈纪要》，《考古》1989年第12期。
4 曲英杰：《论龙山文化时期古城址》，载田昌五、石兴邦主编《中国原始文化论集——纪念尹达八十诞辰》，文物出版社，1989年，第268页。

礼制的形成也很重要。

马克思主义历史观认为，私有制、阶级和国家产生之后就必然有一套与之相应的典章制度。因此，礼仪性建筑中心也是文明的标志之一。应该注意到，中国古代的祭祀崇拜是礼制的一部分，有敬祖追远的特点，因此君主的宫室和宗庙常不分离。这使得古代城市中罕有突出、独立的礼仪性建筑。不过，在年代较早的一些考古遗址中，还是发现了礼仪性建筑的存在，以下试举几个例子。

1983年，在辽宁凌源、建平间的牛河梁发现了红山文化的"女神庙"遗迹。牛河梁主梁北山丘顶有平台形地，庙址在平台南侧缓坡上，由多室和单室的两组建筑组成，出土有泥塑人像及龙、鸟像的残部。人像由形体看属女性，臂部内腔见有骨骸残片。同出陶器中有特大的彩陶镂孔器残片等，应为专用的祭器[1]。据闻，最近在该地又发现"金字塔"之类建筑物。

1987年，在浙江余杭瑶山发现良渚文化的"祭坛"遗迹。遗迹在瑶山顶上西北，平面呈方形，中心系一红土台，环以填灰色土的围沟，西、北、南三面又有以黄褐色土筑成、用砾石铺面的土台，其西、北边有用砾石砌成的石磡。整个"祭坛"面积约400平方米，南部被时代相距不远的同文化墓葬所打破。发掘者推断，这处土台是"以祭天礼地为主要用途的祭坛"[2]。

齐家文化也有祭祀遗迹发现，在甘肃永靖大何庄、秦魏家

---

1 辽宁省文物考古研究所：《辽宁牛河梁红山文化"女神庙"与积石冢群发掘简报》，《文物》1986年第8期。
2 浙江省文物考古研究所：《余杭瑶山良渚文化祭坛遗址发掘简报》，《文物》1988年第1期。

发掘到6处"石圆圈",周围有牛、羊骨架及卜骨,被认为"与祭坛的性质相类似"[1]。

与此相联系的是专用于一定礼仪的器物(礼器)的出现。其中最具有特色的是玉器。在中国古代,人们对莹润光泽的玉(一部分按现代标准应属石质)有特殊的观念和感情,因此不少种考古文化都有非常精美的玉器,成为商周玉器的先驱。以下也举一些例子。

红山文化玉器,重要的有龙形玦(玉龙)、勾云形佩和用途待考的筒形器等,还有璧、三联璧、环,以及龟、鸮等动物形饰物(图2-4)。1973年,在辽宁阜新发现两座红山文化石棺墓,均随葬相当多的玉器,墓制也很特殊[2]。

图2-4 红山文化玉龙、勾云形玉佩、玉龟、玉鸮

良渚文化玉器,重要的有璧、琮、璜、圭、环、钺、冠饰等。近年在江苏吴县草鞋山、上海青浦福泉山、浙江余杭反山和瑶山等地,都从良渚文化墓葬中出土了大量玉器。[3] 不少玉

---

1 白云翔、顾智界:《中国文明起源座谈纪要》,《考古》1989年第12期。
2 方殿春、刘葆华:《辽宁阜新县胡头沟红山文化玉器墓的发现》,《文物》1984年第6期。
3 浙江省文物考古研究所、上海市文物管理委员会、南京博物院编著:《良渚文化玉器》,文物出版社、两木出版社,1989年。

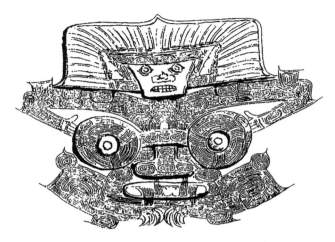

图 2-5　浙江反山 M12 玉琮上的兽面纹

器上的兽面纹（图 2-5），被认为可能是商周最流行的饕餮纹的前身。[1]

龙山文化玉器，尤其是山东出土的，制作尤为精细。有的也雕琢有兽面一类纹饰，但发掘品还不多。

齐家文化玉器，有璧、琮、璜、铲，等等。仅甘肃武威皇娘娘台一座墓中，就出璧 83 件[2]。

二里头文化玉器，有璧、琮、璋等。二里头遗址出土的一种歧尖的玉璋，和陕西神木石峁（可能属龙山文化）、四川广汉三星堆（属商代后期）发现的很是相像。

---

[1] 牟永抗：《良渚玉器上神崇拜的探索》，载《庆祝苏秉琦考古五十五年论文集》编辑组编《庆祝苏秉琦考古五十五年论文集》，文物出版社，1989 年，第 184—197 页。

[2] 白云翔、顾智界：《中国文明起源座谈纪要》，《考古》1989 年第 12 期。

总之,《周礼》记载的六种礼玉,在上述文化中都可找到渊源。这些玉器都不具有兵器、工具一类的实用性(虽然有的像刀,有的像斧,其锋刃都是朝上的),其性能只是在礼仪中使用,并作为所有者身份的标记。

还有些考古文化中出现非实用性的精美陶器,如山东龙山文化的蛋壳黑陶,轻薄如纸,显然不切实用。夏家店下层文化的彩绘陶器,有很像商代青铜器的美观花纹。这些也是供礼仪中使用的,也作为有特殊身份者随葬的器物。

有学者在论述襄汾陶寺早期墓地(约公元前 2500 年)时说,这里"礼器已不是偶见的一二件,其中有由彩绘(漆)木器、彩绘陶器及玉石器构成的成组家具、炊器、食器、酒器、盛贮器、武器、工具、乐器、饰物等。又以蟠龙纹陶盘和后来商王陵也曾使用的鼍鼓、特磬最引人注目……若从随葬品组合的角度看,其后商周贵族使用的礼、乐器,在这里已初具规模"[1]。

还应注意贫富的分化。

马克思主义历史观认为,伴随私有制的出现和阶级的分化,社会必然发生贫富分化现象,因此贫富分化现象也成了古文明研究者的聚焦点。

原始社会氏族的财富是共有的,体现在考古发现的材料中,是居住遗址和墓葬的集体性和平等性。如仰韶文化的聚落和公共墓地,其情形就是这样,已为众所周知。

---

[1] 白云翔、顾智界:《中国文明起源座谈纪要》,《考古》1989 年第 12 期。

仰韶文化已经开始出现一些走向不均的迹象，例如特殊的墓葬。陕西华县元君庙墓地有五座这种墓葬，一座男性老人墓在二层台上砌有砾石。西安半坡一座幼女墓有木棺，随葬玉耳坠、陶器、石珠等物。临潼姜寨一座少女墓，随葬玉耳坠、陶器外，有由 8 577 颗骨珠组成的串饰。

大汶口文化墓葬的贫富分化业已相当清楚，出现了厚葬的大墓。以山东泰安大汶口遗址的墓地为例，早期大墓如 13 号墓，为成年男女合葬，有圆木叠筑的木椁，随葬许多陶器，还有象牙琮、雕筒等珍贵物品。晚期大墓如 10 号墓，也有木椁，墓主系成年女子，有象牙梳、绿松石串饰、玉臂圈、玉指环等饰物，随葬彩陶、白陶等器物约 90 件，还有象牙雕筒等物品[1]。

继大汶口文化之后的山东龙山文化，也有大墓出现。1989 年，在山东临朐西朱封发现两座大墓，一为一椁一棺，一为重椁一棺。以前者（202 号墓）为例，墓主系成年，棺内有极精美的镂空嵌绿松石玉笄、浮雕人面纹的玉簪、绿松石坠和串饰，以及玉钺、玉刀等物，其余陶器（包括蛋壳陶杯）、骨器、彩绘器皿等则放置在棺、椁间的边箱里面。[2]

山西襄汾陶寺的龙山文化厚葬墓，上文已经谈到过了。

良渚文化的厚葬墓，可以浙江余杭反山的墓地为例。这处墓地的年代约当公元前 3000 年或略晚一些。所谓反山，实际是

---

[1] 山东省文物管理处、济南市博物馆编：《大汶口新石器时代墓葬发掘报告》，文物出版社，1974 年。
[2] 中国社会科学院考古研究所山东工作队：《山东临朐朱封龙山文化墓葬》，《考古》1990 年第 7 期。

专为埋葬而用人工堆筑的土台，土方量估计达 2 万立方米。台上有墓 11 座，呈有秩序排列。出土随葬物，除陶器、石器外，有大量玉器、象牙器和涂朱、嵌玉的漆器遗迹。[1]类似的厚葬墓，在其他若干地点也有发现，在浙江嘉兴雀幕桥还发掘到木椁大墓。

贫富分化与产品的积累、交换的扩大直接有关。在当时，金属、牲畜，甚至奴隶，都可能成为货币。在中国，猪比较普遍地起过这样的作用，成为财富的标志。华县元君庙仰韶文化厚葬墓已有以猪下颚骨随葬的例证。大汶口文化的大墓以猪头随葬，大汶口 10 号墓即有猪头 14 个。有学者指出："它们既是财富，也是货币，因而在不同身份和地位人的墓葬中随葬的数目也多少不同。首领和一般成员不同，贫者和富者不同。就以齐家文化墓葬随葬的猪头来说，多的 68 头，其次 30 多头、十几头，少的三五头或一两头，有的根本没有。"[2]贫富的差别，在这方面表现得也十分明显。

最后，须提到人牲人殉的问题。

人牲人殉，即用人作为祭祀的牺牲或墓中的殉葬品，在古代世界很多地方都出现过。由于在我国史学界曾有过长时间讨论，至今仍为许多人所关注，所以在这里仍有必要谈到。

见于报道的最早的人殉事例，是 1987 年河南濮阳西水坡

---

[1] 浙江省文物考古研究所反山考古队：《浙江余杭反山良渚墓地发掘简报》，《文物》1988 年第 1 期。
[2] 石兴邦：《从考古学文化探讨我国私有制和国家的起源问题——纪念摩尔根逝世一百周年》，《史前研究》1983 年创刊号。

45号墓[1]。这座墓葬属于仰韶文化，据有关碳14年代测定，可估计为不早于公元前4500年。墓葬有一些奇特的现象，墓主是壮年男子，位于墓室中央，两侧用蚌壳排成一龙一虎图形（图2-6）。简报说，墓室东、北、西三面有小龛，各有一人。能鉴别的，北龛为16岁左右男性，西龛为12岁左右女孩，两手均压于骨盆下，女孩头上还有砍斫痕迹，因此判断为人殉。有学者对简报提出异议，认为所谓小龛可能与45号墓不属同一层

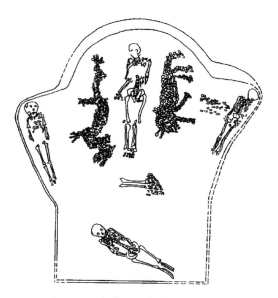

图2-6　河南濮阳西水坡M45平面图

1　濮阳市文物管理委员会、濮阳市博物馆、濮阳市文物工作队：《河南濮阳西水坡遗址发掘简报》，《文物》1988年第3期。

位[1],而发掘者继续坚持该墓殉三人的观点[2]。这个事例能否成立,现在不能做出定论。

最早的人牲事例,也属于仰韶文化。西安半坡遗址的一处长方形房子的居住面下,出土有一具带砍斫痕迹的人头骨,还有一个陶罐,见于《西安半坡》报告。据研究,这很可能是建造房子时的奠基人牲。

1987年,在江苏新沂花厅大汶口文化墓地中发现有人牲人殉的现象。有关的均属大墓,16号墓墓主左下方有一17岁以下的男少年,脚后又有一少女;18号墓墓主右侧有一侧身的成年女子,左有一婴儿;20号墓墓主系成年男子,脚后有两少年。另外在16号墓室外还埋有几具幼童的骨架。[3]

同时,在上海青浦福泉山的良渚文化墓葬中,据报道也有人殉发现。[4]

在河南安阳、汤阴、永城、登封等地的龙山文化遗址,多次发现有奠基人牲。所用以幼童为多,甚至有婴儿。

甘肃武威皇娘娘台和永靖秦魏家的齐家文化墓地,都发现有成年男女合葬墓。女子或一或二,侧身面向男子,随葬品也是男子更多,看来是女子为夫殉葬的实例。内蒙古伊克昭盟伊

---

1 言明:《关于濮阳西水坡遗址发掘简报及其有关的两篇文章中若干问题的商榷》,《华夏考古》1988年第4期。
2 濮阳西水坡遗址考古队:《1988年河南濮阳西水坡遗址发掘简报》,《考古》1989年第12期。
3 南京博物院花厅考古队:《江苏新沂花厅遗址1987年发掘纪要》,《东南文化》1988年第2期。
4 赵兰英、李健:《上海福泉山考古新发现,"良渚"古墓有陪葬奴隶,表明夏王朝前南方已出现奴隶制》,《人民日报》1988年1月3日。

金霍洛旗朱开沟的朱开沟文化墓地,也发现类似现象。有的女子似曾捆缚,还有的墓有木椁,男子在椁内,女子置于椁外。在墓主脚下也有放置幼童的。

二里头文化的偃师二里头遗址,有的大型房子墓址周围发现好多人骨架,没有固定葬式,有的经过捆缚,有的身首分离,不少与牲畜同埋。据研究,他们都是用于祭祀的人牲。[1]

上面所述的这一类人牲人殉的惨酷现象,都是商代同类行为的先声。

我们关于中国古代各种文明因素渊源的叙述,暂限于此。必须承认,文明因素的产生不等于文明时代的出现,而且以目前所了解的情况而论,这些因素的产生和发展还存在许多未解决的疑难,已有的材料是散在的、不系统的。正是出于这样的原因,要根据这些材料,以陈述的形式讲出中国文明起源的历史,还缺乏充分的条件。过去很长时期,国内外学术界认为商代是中国古代文明的源头。这种看法,至今影响仍然不小。现在看来,中国文明很可能应上溯相当长的一段时间。最近很多学者撰文,提出中国古代文明形成于公元前第三千年,即考古学上的龙山时代[2],这就和《史记》始于《五帝本纪》差不多了。

原载《马克思主义历史观与中华文明》,
重庆出版社,1991 年

---

[1] 黄展岳:《中国史前期人牲人殉遗存的考察》,载《中国古代的人牲人殉》,文物出版社,1990 年,第 13—40 页。

[2] 高炜:《龙山时代的礼制》,载《庆祝苏秉琦考古五十五年论文集》编辑组编《庆祝苏秉琦考古五十五年论文集》,文物出版社,1989 年,第 235—244 页。

东周至秦代文明概观

中国古代文明是世界上最古老的文明之一。按照中国古籍中的传说和记载,唐、虞、夏、商、周是最早的几个朝代。夏、商、周合称"三代",或者加上虞(唐包括在内)称为"四代"。1899年,在河南省安阳的殷墟发现了商代的甲骨卜辞;1928年,开始了殷墟的考古发掘;50年代以后,有关的考古发掘更取得了长足的进展。一系列考古发现,使人们对商代的历史文化有了较明确的认识。至于商代以前的夏文化,当前中国的考古学界和历史学界正在进行研究和探索。

周代是中国整个历史上历年最长久的一个朝代。关于周朝建立,即周武王伐商、推翻商朝统治的年代,从来有不同的说法,迄今尚无定论,但大致说来总在公元前12世纪末至前11世纪的范围之内。周继承了商朝的传统,是一个有着广大统治区域的统一王朝。在周王直接治理的王畿周围,分封有许多大大小小的同姓或异姓的诸侯国;在诸侯之间和周围,又有不同程度上从属于周朝的很多方国部族。诸侯国的国君是世袭的,但在政治和经济上都对周王室负有规定的义务。有学者研究指出,周代的诸侯国并不像有些人所想是独立的政权,而"与后世地方政区的地方官领有一定的统辖范围并代表中央政府在辖区内行使权力、为国家征收赋税、维持社会秩序等等方面大有形似之处"[1]。自周武王时起,周王居于在今陕西长安的宗周。周朝建都宗周的二百几十年,史称西周。

周朝的统治,与商朝相比,并不是那么成功的。武王逝世后,商的残余力量曾乘周王室内部纷争之机,谋求恢复,幸有周公东征三年,才得到平定。武王之后的成王、康王两代,广封诸侯,号称升平,其时间不过40年左右。周昭王南征荆楚,死于汉水之上,是西周政治史上一次严重的挫折。他的儿子穆王也有进一步扩充疆域的雄志,实际却耗损了周室的实力。随后西周中期的几代,只能守成,再也不能有新的扩展。社会的内部矛盾逐步增剧,同时又出现少数民族的侵扰,东南的夷人、北方的猃狁都对周朝构成了威胁。西周晚年,周厉王由于政治上压制人民过甚,被国人赶走,由大臣周、召二公共和行政。其子宣王即位后,力图振作,一时中兴,仍未能持续下去。周幽王时,政治腐败,社会动荡,加上西方少数民族犬戎入侵,西周王朝终于覆亡了。周平王迁都于在今河南省洛阳的东都,史称东周。

共和元年是公元前841年,从这一年起,周史有准确纪年可稽。东周开始于周平王元年,即公元前770年。整个东周时代大体分为春秋和战国两大时期。所谓春秋时期,本得名于传经孔子改削的鲁史《春秋》一书,原指公元前722年至前481年的一段期间;战国时期的起始,也有种种异说[2]。为方便起见,现在学者们多借用《史记·六国年表》的起点,即周元王

---

1 李志庭:《西周封国的政区性质》,《杭州大学学报》(哲学社会科学版)1981年第3期。
2 杨宽著:《战国史》,上海人民出版社,1980年,第3—5页。

元年,公元前476年,作为战国之始。同样的,东周应到周赧王卒,即公元前256年终结,一般也延长到秦的统一即公元前221年。这样,东周时代和春秋、战国两时期的年代就是:

东周　　公元前770—前221年
春秋　　公元前770—前477年
战国　　公元前476—前221年

这纯是为了便于记忆,虽然从考证角度来说是有不少问题的。

平王东迁后,周室不再有控制诸侯的力量,形成诸侯力政的局面。拥有较强经济、军事实力的诸侯国,竞相吞并邻近的弱小诸侯,周王对此无力干涉,只得予以承认。其结果是强者愈强,出现实际左右全国政局的霸者。春秋时期,习惯说有五霸,究竟指哪几个诸侯,前人说法不一。这一时期最主要的诸侯国,当推鲁、齐、晋、秦、楚、宋、郑、吴、越等,所谓五霸即指其间代兴的一些国君。诸侯国中,居处于中原一带的华夏诸国,与被视为蛮夷的楚、吴、越及秦(秦实际上遭到歧视)又有矛盾。华夏诸侯的霸主,如齐桓公、晋文公,以匡扶王室为旗号,尽力遏制所谓蛮夷之国(特别是楚国)势力的发展。

诸侯国的内部也不是平静的。和周室的衰微一样,不少诸侯国的公室也走了下坡路,政权被一批卿大夫甚至卿大夫的家臣把持。结果有的诸侯国的君位被卿大夫取代了,有的由于几家卿大夫势力相当,分割成几个政权。诸侯与诸侯之间、卿大夫与卿大夫之间,有时联合结盟,有时纷争颉颃,更增剧了局势的复杂混乱。古人说"春秋无义战",意即指此。由统一走向分裂,是春秋时期的总趋势。

战国时期,分裂的情况继续发展。所谓"万乘之国七,千乘之国五,敌侔争权,尽为战国。贪饕无耻,竞进无厌;国异政教,各自制断;上无天子,下无方伯;力功争强,胜者为右;兵革不休,诈伪并起"[1]。这里说的"万乘之国七",是指齐、楚、燕、韩、赵、魏、秦七国,一般常称为七雄。其余的诸侯国,或早被吞灭,或被削弱而仅能苟存,在政治上已不能起很大作用。即使有的在短时间内强盛,如中山与宋国,也只是昙花一现。周天子在列国相继称王的形势下,最后归于绝灭。这是中国历史上分裂最严重、持久的时期之一。

然而,中国重新统一的基础也就在列国兼并战争之中奠立了。经过东周时代长时期的变乱,各民族、各地区的文化得到了空前的融汇交流,人民要求结束分裂动荡的局面。西方的秦国凭借强大的经济、军事力量,先后兼并了东方六国,建立起中央集权的秦朝。秦的统一功业是不可以抹杀的,但秦朝的暴政触发了新的社会矛盾危机。仅仅15年的时间,秦的统治即在农民大起义及诸侯叛秦的浪潮中被推翻。公元前206年,汉高祖即位,开始了中国一个重要的新朝代——汉代。

政治史上东周时代充满了战乱和分裂,然而在文化史上,这一时代却是前所未有的繁华绚丽的黄金时期。春秋中期以后的中国,社会生产和科学技术取得显著的进步。若干诸侯国在

---

[1] 《战国策》刘向叙录。

政治制度上通过曲折道路,进行了改革,对发展经济起了重要作用,这也正是阶级关系变化的具体表现。春秋晚期到战国,是人们所熟知的"百家争鸣"的伟大时代。诸子百家的涌现,使思想文化的面貌为之一新。学派的流传分布有其地域上的特点,如儒家起于鲁国,传布于齐、晋、卫;墨家始于宋国,传布于鲁以至楚、秦;道家起源于南方,后来在楚国和齐、燕有不同分支;法家源于三晋,盛行于秦;阴阳家在齐国较多,随后在楚、秦等国都有较深影响;纵横家则多出于周、卫等地,周游于各国之间[1]。这个时代可与西方历史上的古典希腊媲美,在科学、哲学、历史、艺术、文学等各方面都出现了杰出的人才,取得了丰硕的成果。秦统一后曾焚书坑儒,禁止《诗》《书》百家语,但文化的传流并未因之断绝。

还需要看到,东周到秦代在中国社会发展史上确实发生了很大的转折。如何看待当时的社会变革,目前学术界尚在讨论[2]。无论如何,西周、东周之际,春秋、战国之际,战国与秦代之际,都是社会发展过程中的转捩点,在研究上不可忽视。

东周时代留下来大量的文献,是研究这一段历史的凭借。由于秦代的禁绝,有一部分著作损失了,但《汉书·艺文志》所列汉朝保存的书目,仍有很多这一时代的作品。《汉志》所记述的图书,经约两千年后,现在自然不能全部见到,不过较之西周,有关典籍要丰富很多倍。这些典籍和历代的注疏笺释,

---

1 参看侯外庐主编:《中国思想史纲》(上册),中国青年出版社,1981年,第59页。
2 参看王思治:《中国古代史分期问题讨论述评》,载《中国历史学年鉴》编辑组编《中国历史学年鉴》(1979年版),生活·读书·新知三联书店,1980年。

是古代思想文化的巨大宝藏。

　　研究春秋时期，《左传》是最重要的一部著作。《左传》传为鲁国人左丘明所作，记述当时历史事件，备极详明，于史学史有很高的地位。此书传到汉代，属于古文经的范围，在两汉的经学学派争端中，受到今文家的攻击，其影响及于清代汉学，酿成怀疑《左传》的风气。经过多年辩难，《左传》的可靠性已为多数学者所公认。事实说明，司马迁《史记》关于春秋史的叙述几乎均出自该书[1]，绝不像今文学派所说系后人伪作。《左传》的注本，清人刘文淇的《春秋左氏传旧注疏证》[2]最负盛名，可惜印行的原稿本不完整，近年有学者续作，也还没有出版。杨伯峻先生所著《春秋左传注》[3]，博洽而简明，是最便于阅读的本子。

　　关于战国时期，就没有像《左传》这样一部系统的史书。虽有《战国策》一书，然系纵横家所用读本，内容凌乱，且多悬拟之辞。《史记》有关部分可以看出用了很大功力，却未能臻于完美。前人根据战国秦汉各种子书及晋代发现的《竹书纪年》等，补正《史记》所载，有显著成绩。这个工作，因为近些年对古籍有不少新的发现和探索，还应当重新去做。陈梦家先生曾撰有《六国纪年》[4]，试以器物铭文检证战国的编年，其工作也值得继续并加以发展。愿意比较详细了解战国史史料情况的读

1　罗倬汉著：《史记十二诸侯年表考证》，商务印书馆，1943年；镰田正：《左傳の成立と其の展開》，大修馆书店，1963年。

2　刘文淇撰：《春秋左氏传旧注疏证》，科学出版社，1959年。

3　杨伯峻编著：《春秋左传注》，中华书局，1981年。

4　陈梦家著：《六国纪年》，学习生活出版社，1955年。

者,可看杨宽先生《战国史》的有关论述[1]。

外国学者有时用"原史时期"(protohistory)一词,以称呼古代文献很少、考古材料的重要性超过或等于文献材料的时期[2]。很显然,东周和更早的商和西周不同,已经脱离了这种"原史时期"而跨入真正意义的"历史时期"了。利用传世的典籍来探讨东周至秦这五个半世纪的历史文化,是多少代学者从事过的艰巨工作。不过这一时代的文献大都古奥费解,而且由于传流久远,难免后世窜易增删,有失真之处。为了揭示历史的真相,考古材料仍有其不可缺少的重要性。

考古学能印证历史文献,更重要的是提供文献所没有的材料,使人们直接接触古代文明的遗存。例如东周时代周和各主要诸侯国的都城,古书有不少描写记述,现在这些城市遗址的发掘,不仅证实了文献记载,也告诉我们很多新的知识,如城市的具体布局、建筑的技术等等。墓葬的制度和随葬的物品,加深了对古代礼制的认识。出土的大批文物,是文化史、艺术史上的瑰宝,也是科学技术史研究的珍贵依据。器物铭文及其他古文字材料,对探讨当时历史文化有很高的价值,更不待言。

东周和秦代的考古研究,已有长时期的积累,内容异常丰富。中国传统的金石学,包括金文、石刻、古镜、古钱、陶文、玺印等各个方面,都为这一时代的研究准备了相当数量的材料和可继承的成果。1949 年以前,河南洛阳金村和新郑李

1　杨宽著:《战国史》,上海人民出版社,1980 年,第 5—16 页。
2　Glyn Daniel, *A Short History of Archaeology* (Thames and Hudson, 1981), p.13.

家楼、山西浑源李峪、安徽寿县朱家集、四川成都白马寺及湖南长沙等地的几次盗掘和偶然发现的大批宝贵文物，都闻名于世界。

科学的考古工作在中国开始于20世纪20年代末。30年代，东周考古有过几次重要发掘，河南省浚县辛村、汲县（今卫辉）山彪镇、辉县琉璃阁及河北省易县燕下都遗址等地点为其显例。不过，真正大规模的调查和发掘，直到1949年后才有可能全面铺开。1949年以来的三十几年，有关东周和秦代的考古发现真是数不胜数[1]。这方面的工作，目前仍在迅速发展之中。

把文献和考古成果综合起来，我们觉得不妨把东周时代列国划分为下列七个文化圈。

以周为中心，北到晋国南部，南到郑国、卫国，也就是战国时周和三晋（不包括赵国北部）一带，地处黄河中游，可称为中原文化圈。夏、商和西周，中原文化对周围地区有很大影响，到东周业已减弱，但仍不失为重要。

在中原北面，包括赵国北部、中山国、燕国及更北的方国部族，构成北方文化圈。北方原为营游牧生涯的少数民族所居，受中原文化浸润而逐渐华夏化，连北方少数民族所建诸侯国如中山也不例外，但仍有其本身的特点。

今山东省范围内，齐、鲁和若干小诸侯国合为齐鲁文化圈。其中的鲁国，保存周的传统最多，不过从出土文物的风格看，在文化面貌上更近于齐，而与三晋有别。在这个文化圈的南部，

---

[1] 参看文物编辑委员会编：《文物考古工作三十年》，文物出版社，1979年。

一些历史久远的小国仍有东夷古代文化的痕迹。子姓的宋国也可附属于此。

长江中游的楚国是另一庞大文化圈的中心，这就是历史、考古学界所艳称的楚文化。随着楚人势力的强大和扩张，楚文化的影响殊为深远。在楚国之北的好多周朝封国、楚国之南的各方国部族，都渐被囊括于此文化圈内。

淮水流域和长江下游有一系列嬴姓、偃姓小国，如徐国和群舒等，还有吴国和越国。如果我们把东南的方国部族也包括进去，可划为吴越文化圈。这个文化圈南至南海，东南及于台湾，虽受中原文化和楚文化的影响，也自有其本身的特色。

西南的今四川省有巴、蜀两国，加以今云南省的滇及西南其他部族，是巴蜀滇文化圈。它一方面与楚文化相互影响，向北方又与秦沟通。

关中的秦国雄长于广大的西北地区，称之为秦文化圈可能是适宜的。秦人在西周建都的故地兴起，形成了有独特风格的文化。虽与中原有所交往，而本身的特点仍甚明显。

楚文化的扩展，是东周时代的一件大事。春秋时期，楚人北上问鼎中原，楚文化也向北延伸。到了战国之世，楚文化先是向南大大发展，随后由于楚国政治中心的东移，又向东扩张，进入长江下游以至今山东省境。说楚文化影响所及达到半个中国，并非夸张之词。

随之而来的，是秦文化的传布。秦的兼并列国，建立统一的新王朝，使秦文化成为后来辉煌的汉代文化的基础。我们这样说，绝不意味其他几种文化圈对汉代文化没有作用。我们曾经指出，楚文化对汉代文化的酝酿形成有过重大的影响[1]，其他文化的作用同样不可抹杀。中国的古代文明，本来是各个民族共同创造和发展的，只有认识这一点，才能看清当时文化史的全貌。

我们在前面已经指出，从西周到秦汉，中国经历了由统一到分裂然后又重新统一的曲折过程。东周的五个多世纪，是中国历史上最长久的一段分裂的时期，但中国并未解体，当时各诸侯国间并没有不可逾越的界限和藩篱。人民的交往移徙、文化的融汇传流，以及统治者间的纵横捭阖、会盟和兼并，使全国像一局围棋一样保持着有机的联系，为统一的恢复创造了条件。因此，我们虽然试划出七个文化圈，但要把握这一历史时期发展的大势，还是要将材料和推论综合起来，才能通观这一时期中国文明的全貌。

尽管学术界对这一时期的历史有各种不同的认识和解释，没有人能够否认，东周到秦代是一个伟大的变革时期。假设我们以这五百多年的两端——两周之际和秦汉之际——做一对比，不难发现其社会、经济、政治、文化无不有极为明显的变化。因此，我们要深刻地了解这个大时代，必须用变革的观点去观察其间的历史脉络。

把考古学和历史学的成果结合起来，当时的急剧变革可归纳为下列几点：

（1）在考古学上，由青铜时代向铁器时代的过渡；

---

1 李学勤：《新出简帛与楚文化》，载湖北省社会科学院历史研究所编《楚文化新探》，湖北人民出版社，1981年，第28—39页。

（2）在经济史上，井田制的崩溃和奴隶制关系的衰落；

（3）在政治史上，从以宗法为基础的分封制到中央集权的专制主义国家；

（4）在文化艺术史上，百家争鸣的繁荣和结束。

下面我们就来看一下这几方面变革的概况，以及其彼此的联系。

青铜器在东周时期继续得到发展。春秋战国之际的公元前5世纪，堪称中国古代青铜器工艺的高峰，是其成就最辉煌的阶段。前面再三提到过的湖北随县擂鼓墩1号墓青铜器群，是这个阶段的代表，正如一位外国学者所惊叹的：从来没有发现过一座如此丰富多彩的墓葬[1]。

青铜器手工业的高度发展，不能仅从艺术史的角度去衡量。商代的青铜器手工业自然不如春秋战国时发达，可是有些商代的青铜器物，仍然是精美绝伦的艺术珍品，比如我们绝不能说商代的饕餮食人卣的艺术价值比曾侯尊盘要低一些。足以说明问题的例子是湖北大冶铜绿山的古铜矿，向我们充分展示了东周时期铜矿采炼的庞大规模。

青铜的应用空前广泛了。除了贵族专有的种种礼乐器外，更多的青铜器在日常生活中出现。在战火频仍的春秋战国时期，兵器耗费的青铜是难以想象的，但在生产兵器之余，仍有大量的材料用于货币、用具，包括衣服上的铜钩和铜镜。这些现象从量的方面标志着青铜冶铸工业发展到了很高的地步。

我们曾列举许多新发现，证明东周时长江下游地区普遍使

---

[1] Robert L. Thorp, "The Sui Xian Tomb: Re-Thinking the Fifth Century," *Artibus Asiae* 43, No.1—2 (1981).

用过青铜农具。农业上采用青铜器很可能向前追溯一段较长的时期,其使用地区也不限于长江下游,而成批的发现迄今还限于这个时期的长江下游一带。《考工记》盛赞吴、越地方金锡之美,正说明那里青铜冶铸业的进步。青铜农具的使用,对于农业生产会有一定的促进作用。我们知道,春秋末,吴、越两国相继富强,越国用计倪之术,"省赋敛,劝农桑"[1],农具的改进对增长国力也一定有所裨益。

青铜器在生产上的使用,无论怎样扩大也不能比得上铁器的效能。中国的用铁有悠久历史,已有一些考古发现作为佐证,这方面目前尚有若干缺环,有待今后的工作补足。现在可以确定的是,春秋中晚期已有铸铁,甚至有了钢。到战国时期,铁器已经成为日常习用的了。

附带在这里说一句,《尚书》中的《禹贡》提到梁州贡镠铁银镂,有学者看到"铁"字便认为是《禹贡》晚到战国时期的证据。其实战国时铁已成为民生日用之物,不会作为进贡的珍异,这一条反而应作为《禹贡》成书较早的积极证明。

铁器越来越多地在生产工具范围内排斥掉其他材料。河南辉县发现的魏国铁器、河北易县发现的燕国铁器等等,数量既多,品种又复杂,表明铁业已普遍用作农业和手工业的工具。特别是铁农具,其多种多样,殊足令人惊异。像燕下都出土的五齿耙,在青铜器时代是难于出现的。实际上,汉代的各种铁农具,在战国时大部分已可找到了。

---

1 袁康:《越绝书·越绝计倪内经》,载中华书局编《四部备要·史部》,中华书局,1989年。

铁器的普遍使用，从任何意义来说都是生产上的一大变革。就农业而言，这又和牛耕结合起来。战国中期的孟子曾问其弟子："许子以釜甑爨，以铁耕乎？"[1] 可见当时"以铁耕"就和用釜甑烹炊一样，是极其普通的事情。所谓"以铁耕乎"，汉代赵岐注云："以铁为犁用之耕否邪？"[2] 云梦睡虎地秦简《厩苑律》有一条说："假铁器，销敝不胜而毁者，为用书，受勿责。"[3] 这是说，借用铁制农具，由于破旧而损坏，可以文书上报损耗，不必赔偿。简文所云"铁器"，也是指铁犁一类器物。

铁器普及到这种程度，从青铜时代到铁器时代的转化应该说已经完成了。

《越绝书》载，春秋末年楚王命风胡子前往吴国，请著名匠师欧冶子、干将二人制作铁剑。事成，风胡子议论说："轩辕、神农、赫胥之时，以石为兵，断树木，为宫室，死而龙臧。夫神，圣主使然。至黄帝之时，以玉为兵，以伐树木，为宫室，凿地。夫玉，亦神物也，又遇圣主使然，死而龙臧。禹穴之时，以铜为兵，以凿伊阙，通龙门，决江导河，东注于东海。天下通平，治为宫室，岂非圣主之力哉？当此之时，作铁兵，威服三军，天下闻之，莫敢不服，此亦铁兵之神，大王有圣德。"[4] 这段带有神话色彩的话，包含了不少真理。所谓"以石为兵""以玉为兵""以铜为兵"和"作铁兵"，可以理解为由石器到磨制

---

[1]《孟子·滕文公上》，载阮元校刻《十三经注疏》，中华书局，1980年，第2705页。
[2] 同上。
[3] 睡虎地秦墓竹简整理小组编：《睡虎地秦墓竹简》，文物出版社，1978年，第32页。
[4] 袁康：《越绝书·越绝外传记宝剑》，载中华书局编《四部备要·史部》，中华书局，1989年。

精美的石器（"玉"），再由铜器进步到铁器的序列；而其所谓"兵"不限于兵器，还将伐木凿地的工具包括在内，这和考古学的"三时代法"是暗合的[1]。《越绝书》是汉代学者袁康的作品，但书中的传说有其渊源。由此可见，把中国的铁器时代开端划在春秋晚年，是有一定的文献作为依据的。

铁器时代的揭幕，不仅有着考古学的意义。从经济史的角度看，铁器的普遍应用，特别是使用铁工具的犁耕农业的兴起，导致了整个社会经济结构的改革。井田制的解体，显然和生产力的这一巨大发展有直接的联系。

井田制是中国古代的土地所有制形态，见于《诗经》《周礼》《孟子》等古籍。井田制实际上是一种农村公社，与世界其他地区的农村公社实质相类似，这在19世纪中叶已有欧洲学者指出了。例如拉沃莱的名著《财产及其原始形态》(*De la Propriété et de Ses Formes Primitives*)，就把英国和中国古代的土地所有制合列为一章[2]。有些著作力图否认井田的存在，把它说成儒家的理想，我们是不能赞同的。

井田制的中心内容是公田的存在和土地的分配，而生产力的发展使私田得以增多，土地的买卖兼并成为可能，这就为井田制的破坏准备了条件。

目前在考古学上还没有获得关于井田的详细证据，但有关的材料已发现不少。西周金文中以"田"为土地的单位，应即指一夫百亩之田。由于每夫（成年男丁）规定为百亩，所以有

---

1 Glyn Daniel, *A Short History of Archaeology* (Thames and Hudson, 1981), p.14.
2 据日译本エミール・ド・ラヴレー：《原始財産》，长野兼译，改造社，1931年。

些金文述及封赐若干"夫",恐不仅指人,实兼指土地而言。值得注意的是,这种涉及"田"或"夫"的铭文,到东周时即不再出现,这表明井田制此时业已归于衰微,与文献上的记载是相符合的。

井田制作为一种农村公社的形态,不只限于土地的划分和分配的规定。根据古书记载,它与族氏、军制、赋税都有密切的关系,而就土地规划方面而言,又和沟洫、道路的分布不可分割。近年在四川青川发现的木牍所载秦武王二年命丞相甘茂等修订的《为田律》,比较明显地证明了井田曾经存在。由律文可知,当时秦国的土地规划已和传统的井田制有别,而与湖北江陵凤凰山汉初墓葬所出竹简反映的乡里情景相比,不难看出其间变化的深刻。

井田制代表的社会基层组织,是以血缘关系为基础的。从商代到西周前期,青铜器和少数其他器物上常见族氏铭文,其族氏常写得比较象形,因而被一些学者称作"族徽"。族氏铭文的器物很多,占到已发现的有铭青铜器的一半左右,而且不但见于贵族的重器,也在不少小墓的随葬品间出现。这表明,血缘的族氏组织在那时是非常普遍的。西周中期以后,这种族氏铭文逐渐罕见,最晚的例子是在河南郏县太仆乡的春秋初年青铜器上见到的[1]。族氏铭文的消失,体现出血缘纽带的松弛,不过在春秋时期,传统的姓、氏仍然维持着,如"同姓不婚"依旧是严格遵守的原则。金文中所见的女子名,都标明了姓,如

---

[1]《河南郏县发现的古代铜器》,《文物》1954年第3期。

"姬""姜""姒""子"之类，就是明证。姓的观念到战国时渐趋淡薄，及至秦代竟基本消灭了。后世中国所说的姓，其实是古代的氏，而实质上只是家庭的标志。姓的消失非常彻底，以致司马迁在《史记》中有时竟把姓、氏二者混淆了，可知他已不能通晓其间的差异。

血缘关系的解体，不限于基层，同样影响到士、大夫以上的阶层。如所周知，古代士以上存在称为宗法制的血缘纽带，而宗法制的规定是整个礼制的核心。周天子之分封诸侯、诸侯之分封卿大夫等等，各等级间的隶属关系无不是宗法制的体现，因为就全国而言，周天子是大宗（广义的），而就诸侯国而言，国君是大宗，可由此顺推。近年已有学者根据古礼的族葬，分析商代和西周的墓葬群，取得了有价值的研究成果。古代宗法制的崩溃，怎样反映在田野考古中发现的东周墓葬群上，现在还是有待探究的新课题。

周初大规模进行的分封，本来是按照宗法制建立的，用当时的话说，即"封建诸侯，以藩屏周"。诸侯国的设置起了拱卫周王的作用，但诸侯的强大又对王朝不利。无论是对王朝来说，还是对诸侯来说，分封的原则贯彻下去，只能使君长的控制范围越来越小，政权日益分散削弱。随着宗法制的废弛，分封也走向衰落。西周金文中常见的分封和册命的铭文，到春秋之世已经难以找到了。

取代分封的是郡县制，即由列国的中央政权任命地方官吏，并定期予以更换的制度，这是政治史上有利于中央集权的一大变革，也是对分封造成的贵族阶层的沉重打击。郡县制在春秋时已有萌芽，特别是县，其原始形态可以追溯到西周。到战国时期，郡县制在各国都在推行。秦和汉初的县，很多在战国时已经存在，在近年经过调查或发掘。战国古玺不少是县一级官吏的玺印。在这时的兵器上，每每也刻有郡县官吏署名的铭文。同时，许多货币上的地名也是县的地名。这些古文字文物，都是郡县制发展普及的实物证据。

这时政治史上占显著地位的变法，也都是加强中央集权的行动。曾有人宣称变法者无例外地都是法家，这是不正确的。春秋时的管仲，后来被推为法家的先驱，所谓管、商之法，就是以管仲与商鞅并称。但是，尊事管仲的学派一直在齐国流传，其著作《管子》传统上却列于道家。近年在长沙马王堆3号汉墓出土的帛书，向人们揭示了楚国传流的黄老道家的思想面貌，使大家认识到，起源于南方并在齐国有所传播的这一学派，也是主张加强和巩固中央集权的。属于这个流派的楚人作品《鹖冠子》，描绘了楚式的郡县制的蓝图。可以设想，如果不是秦国，而是楚国统一全国的话，《鹖冠子》一类的政治设计可能付诸实现。

关于社会阶级和等级的变迁，考古学提供的材料有限，然而仍能填补文献的不足，解答过去大家无法了解的问题。我们知道，由于秦人烧灭故籍，司马迁著《史记》时许多方面只能依据《秦记》，所以以往的学者总以为对秦的认识比较准确深入。近年有关秦的考古发现却提出了很多全新的问题，特别是涉及奴隶制方面的，使我们感到必须重新描绘晚周到秦社会阶级结构的图景。

睡虎地竹简秦律的发现和研究，展示了相当典型的奴隶制关系的景象。秦人的奴隶，大别之有官方的隶臣妾之类和私人的臣妾。仔细分析，可以看出这种奴隶制和《周礼》的规定一脉相承。隶臣妾之类刑徒，恐怕不能用汉代以下对刑徒的概念来理解。从秦律看，他们不都是因为触犯了法律而被加上刑徒身份的，其中还包括买卖而得，以及在战争中来降的敌人等等，而且刑徒的身份如不经赎免，不能到一定年限解除，甚至株连到家属和后裔。这和汉律的隶臣妾等等有根本的差别。

在秦简发现以前，学者已经从秦兵器的铭文里察觉大量刑徒的存在[1]。与此作为对比，在东方六国的兵器铭文中则很难找到身份类似的人名。古书的情况也是一样，关于六国只能找出一些私人的臣妾，而少见官有的刑徒[2]。这种现象恐怕只能解释为六国不像秦那样大规模地使用刑徒劳动力。有的著作认为秦的社会制度比六国先进，我们不能同意这一看法，从秦人相当普遍地保留野蛮的奴隶制关系来看，事实毋宁说是相反[3]。到了汉代，不仅刑徒的性质得到改变，私人奴隶即奴婢也逐渐减少了。

宗法制的解体和奴隶制的削弱以至走向衰亡，是东周以来总的趋势。秦国建立于西周的中心区域，保存旧的奴隶制残余较多，统一全国后的十几年间还曾暂时把这种关系推广到六国

---

1 张政烺：《秦汉刑徒的考古资料》，《北京大学学报》1958年第3期。
2 参看裘锡圭：《战国时代社会性质试探》，载《社会科学战线》编辑部编《中国古史论集》，吉林人民出版社，1981年。
3 李学勤：《新发现简帛与秦汉文化史》，载淮阴师专编《活页文史丛刊》(121—150)，1981年。

故土，但这只能说是这种陈旧关系的回光返照。

社会结构的剧烈变化，还造成了知识分子阶层的大量出现。在西周时期，文化知识本来是少数统治者专有的，当时的教育仅限于王室和贵胄子弟。在王官之外，没有其他掌握知识的人。《汉书·艺文志》所论王官的职掌，就足以证明这一点。进入东周之后，贵族政治的衰败使知识普及的范围大为扩大，出现了所谓私学；而诸侯的分立又使对知识分子的需要增长，各诸侯国都出现了尊贤礼士的风气。这时，在学术思想上出现了不同的学派，在艺术上也形成了不同的流派。他们代表了各种地区、民族的风格，反映着不同阶级或阶层的利益，在变革的时代中造成了百家争鸣的繁盛局面。

有些论著认为，考古学的收获仅仅代表历史上的物质文化，这个观点恐怕是失之片面的。被称为锄头考古学的田野工作所得（除出土的古代书籍外），固然都是物质的东西，可是这些物质的东西又是和古代的精神文化分不开的。无论是建筑遗址，还是墓葬发现的各种器物，都寄托着古人的思想和观念，通过这些物质的东西可以看到当时的时代精神。东周到秦代各种工艺的变化，其实都在不同程度上反映了时代精神的变迁。

从夏商到西周盛行的艺术传统，崇尚凝重庄严，这和那时尊祖敬德的思想是一致的。到春秋中期以后，表现在青铜器、玉器、漆器等各方面的艺术上的根本变化，新的秀雅清新的风格，则与新兴起的思想观念相调谐，或者不如说是同一潮流的体现。

青铜器及其他器物上的纹饰，除作为美观的装饰外，肯定有其内容上的意义，已有不少学者加以讨论[1]。我不赞成把商和西周的纹饰归结为狰狞可怖，因为这些器物大多是祀神的礼器，花纹不能起恫吓的效用。理解这些纹饰，必须对当时的思想和神话做深入的研究分析。对于东周以来的纹饰，我的看法也是如此。有学者提出，这些艺术的发展趋势是"理性化、世间化"[2]，是很好的概括。理性化和世间化，不仅是艺术的新精神，也是春秋战国时期思想界的共同趋势，两者也正是互相配合、彼此一致的。

即使是墓葬本身，也明显地体现着思想的变化。例如，商和西周的墓葬传统形式，所反映的观念是死者在地下继续生前的身份和生活，因而要尽量把生活中的应用物品，甚至服侍的人，随葬于地下。这样，生为贵族的，死后仍为贵族；为贱人的，死后不免仍为贱人，难以更变。到了战国时期，神仙的思想及方术开始出现。长沙两幅帛画所表现的升仙，当即楚地神仙思想流行的反映，并与当地盛行的道家思想有一定的关系。升仙方术的思想特点，是一般人民也有可能长生以至飞升，由此导出了许多隐士式仙人的传说，这和传统的观念显然是不同的。战国时期代表这种思想的文物还不太多，到汉初则相当多了。[3] 容易看出，这种思想的兴起和前述宗法贵族的衰落不无关联。

思想界的这一趋势，有利于科学技术的进步。很多科学史

1　参看张光直：《商周青铜器上的动物纹样》，《考古与文物》1981年第2期；又张光直著：《中国青铜时代》，香港中文大学出版社，1982年，第195—213页。

2　李泽厚著：《美的历程》，文物出版社，1981年，第47页。

3　Michael Loewe, *Ways to Paradise* (George Allen & Unwin, 1979).

专家指出，东周时中国科学技术的兴盛，堪与西方的古希腊相辉映[1]。从考古发掘的许多精美绝伦的器物，都可以推想到科学技术当时的高涨。

古代的科学常常和宗教、神话交织在一起，中国的情形自不例外。在20世纪70年代出土的简帛中有很多宝贵的科技史材料，尤以马王堆帛书为最，已引起国内外科学史界的极大重视。佚书的内容涉及很多科学部门，如天文、历算、地理、气象、生物、医药等等，大大丰富了人们对古代科技的认识。这些佚书有相当一部分是战国著作的传本，而就书的性质而言，都属于《汉书·艺文志》所说的数术类。看来我们对古代数术的看法恐怕必须做很大的改变。

数术从东周到汉代都很流行。西汉晚年哀帝时刘歆作《七略》，是中国最早的图书分类法，专设数术略，与六艺、诸子、诗赋、兵书、方技并列。班固据此作《汉书·艺文志》，所载数术书有190家，约占全志书籍家数的三分之一，可见古代数术之盛[2]。长期以来，对于数术，学术界多持摈斥态度，其实古代数术书总是包含值得研讨的内容的。如果把这种书称为伪科学，古代就很难有真科学了。有学者建议称之为原科学（proto-science），也许要更妥当一些。

数术与古代的宇宙观密不可分。在商周间兴起的五行说、八卦说，都属于数术的滥觞，在周原甲骨上找到许多例子的八

---

[1] 杜石然、范楚玉、陈美东、金秋鹏、周世德、曹婉如编著：《中国科学技术史稿》（上册），科学出版社，1982年，第88—89页。

[2] 李学勤：《论睡虎地秦简与马王堆帛书中的数术书》，古代中国占卜灾异讨论会会议论文，美国伯克利，1983年。

卦筮数，证明这一类数术起源甚早，《周礼》所讲的"三易"，即夏之连山、商之归藏、周之周易，很可能是真实的。又如商代甲骨有四方和四风，这表明当时已存在以四方、四时为纲要的宇宙间架观念，而从甲骨与《尧典》《山海经》的类似，又可知道这种观念有古老的起源。宇宙间架观念，包括与上述四方、四风相似的八风（与八卦有一定联系），正是东周以下数术的基本思想之一。

上述社会经济、政治和文化的变革，改变了古代中国的面貌。

东周各城市是当时社会的缩影。近年开展的大规模勘查和试掘，逐步揭示出这一时期列国都邑的繁荣景象。《史记·货殖列传》所形容的古代都会，曾受到一些怀疑，现在则已为考古工作所证实了。事实证明，这些大城市的结构是异常复杂的，在统治者的宗庙宫寝、楼台殿阁以外，有各种官署、仓库等设施，有分门别类的手工业作坊，有商贾集中的市场。大城市一般是政治中心，也是工商业和文化的中心。古文字学的研究，发现了不少与商业有关的证据，我们在论述陶文、玺印等材料时已经谈到。这些材料，加上历年出土了大量金属货币，使我们对古代的城市经济有新的认识。

西晋皇甫谧《帝王世纪》曾估算古代中国的人口数目，据说——

    夏禹时有   13 553 923 人
    周成王时有 13 714 923 人

周庄王时有　　11 847 000 人

到战国时期,战祸频仍,"推民口数,尚当千余万"。而秦兼并诸侯,"其所杀伤,三分居二",又经过十几年的暴政,"百姓死没,相踵于路",加以汉初的战争,人口"方之六国,五损其二"[1]。他所记夏、周人口数字没有确切根据,对战国至秦代战争的影响的估计也过于严重。从考古学来看,东周时期的大小城市发展很快,其数量和规模都不是前此所能比拟的,所以这一时期的户口应当是增长的。据记载,齐都临淄战国时有21万人,其他大城市的人口可能也与之相埒。

秦统一后,划分全国为三十六郡,随后发展为四十六郡[2]。郡县制的普及,形成了与商、周王朝不同的高度中央集权的国家。政治上的重新统一,带来了国内各民族文化的进一步交流和融合,这是中国文化史上的重要转折点。秦朝由于存在的时间很短,不可能在历史上充分发挥作用;而不久建立的汉朝,其辉煌的文明所造成的影响,范围绝不限于亚洲东部,我们只有从世界史的高度才能估价它的意义和价值。

原载《东周与秦代文明》,
文物出版社,1991年

1　徐宗元辑:《帝王世纪辑存》,中华书局,1964年,第118—120页。
2　林剑鸣著:《秦史稿》,上海人民出版社,1981年,第361—365页。

第三讲

考古学与古代文明

中国考古学与古代文明研究

众所公认，考古学是新中国发展最迅速、成绩最昭著的学科之一。现代考古学在中国的建立是在20世纪20年代。直到中华人民共和国成立以前，考古工作虽有很重要的收获，但范围和规模尚属有限。1949年后，特别是改革开放以来，考古学繁荣昌盛，全国各地不断有重大发现，为举世所瞩目，对中国历史文化的研究做出了巨大贡献。

中国考古学一开始就以与历史研究密切结合为其特色。王国维倡导"二重证据法"的"古史新证"，李济提出以考古学为中心的"古史重建"，都表明了这一点。考古学的丰富发现已经在非常大的程度上改变了人们心目中古史的面貌，特别是对于中国古代文明的起源和发展，达到全新的认识，这里想专就这一方面谈几点陋见。

1949年以前考古学的一项最重要的工作，是1928年至1937年河南安阳殷墟的15次发掘及与之相关的研究。殷墟的发掘和研究，不仅证实了商代历史的客观存在，而且将当时文明的灿烂辉煌展示在大家眼前。开国伊始的1950年，中国科学院即恢复了已中断13年的殷墟发掘。这处遗址的发掘，一直持续到今天。

由于殷墟甲骨文的研究说明《史记》殷商世系的确实，学者们自然推想到夏代世系的确实。殷墟只代表商代后期，寻找商代前期及夏代的遗存,成为学术界十分关心的大事。果然,1950年至1951年,在河南辉县琉璃阁与郑州二里岗的发掘中,确认了早于殷墟的商代前期遗存。1955年,发现了郑州商代前期的城址。经多年探查,知道其城垣周长近7公里,城内外有宫殿建筑基址和各种作坊遗迹,以及墓葬、窖穴等等,近年又发现有范围更大的郭城。1983年,又发现了始建年代与郑州商城相距不远的偃师商城。

夏文化的探索,与二里头文化的认识直接相关。后来称为二里头文化的遗存,1952年在河南登封王村首次发现,1956年在郑州曾被称为"洛达庙期"。1958年发现的河南偃师二里头遗址,在1959年豫西"夏墟"调查后进行了系统发掘,二里头文化的命名得以确立。如今二里头文化或其较早的部分属于夏文化,已成为多数学者的共识。

现在,中原地区从仰韶文化到商文化,已经排成了继承衔接的链条,没有明显的缺环。在这一链条中,1975年发现的登封王城岗城址,有学者主张是禹都阳城,引起学术界的注意,该遗址属龙山晚期。从这一时期起,诸如河南禹州瓦店、巩义稍柴、偃师二里头、偃师商城、郑州商城、郑州小双桥,以及最近发掘的安阳洹北商城、河北邢台东先贤等遗址,都有学者指为夏商都邑所在。尽管这些均在争议之中,其在了解夏商文明方面所起的作用,是必须充分肯定的。

中国文明的起源一直是科学研究的重大课题,20世纪70年代以后,更受到学术界的热切关注。怎样由夏商上溯,追寻文明的始源及其初期发展,历史学者、考古学者都有长时期的讨论。大家认识到，文明起源问题的研究不能离开考古学的成果，而如何从考古学论述文明的起源，又是有理论性质的问题。英国考古学者丹尼尔1968年出版的《最初的文明：文明起源的考古学》，引用专攻近东文明的克拉克洪（Clyde Kluckhohn）的论点，提出文明社会必须具有下列三项中的两项，即有五千居民以上的城市、文字、复杂的礼仪中心。中国学者多以马克思主义观点予以批评修正，如夏鼐先生说"现今史学界一般把'文明'一词用来指一个社会已由氏族制度解体而进入有了国家组织的阶级社会的阶段"，并列举出城市、文字、冶炼金属作为文明的标志。这些可作为文明标志方面的考古发现，受到学术界的广泛重视。

关于城市，上面提到的登封王城岗龙山城址，边长仅约百米。随后发现的一系列龙山文化或同时代文化城址，规模大多更大，年代也多更早，包括内蒙古、山东、河南、湖北、湖南、浙江、四川等地，已达数十座之多。在山东阳谷、茌平、东阿一带，还发现有由大型中心城（面积大致40万平方米）与若干小城构成的城组。始建年代早过公元前5000年的，有河南郑州西山的仰韶文化晚期城址，湖南澧县城头山的大溪文化、屈家岭文化城址，山东滕州西康留大汶口文化城址与阳谷王家庄大汶口文化、龙山文化城址。

关于文字，殷墟甲骨文的研究证明商代已有发展水平相当高的文字系统，字的个数超过4 000，同时从文字结构看，传统所谓"六书"业已具备。这明确表示，在甲骨文以前，文字肯定经历了很长的发展过程。

20世纪50年代陕西西安半坡仰韶文化遗址的发掘，发现了大批陶器刻画符号，1963年出版的报告《西安半坡》提出可能同原始文字有关。60年代末以来，很多学者对各种新石器时代晚期文化的符号做了研究，尤其是大汶口文化的陶器符号和良渚文化的陶器、玉器符号，不少学者认为是原始文字。这种情形，以及符号的年代，都类似古埃及文字导源于公元前4000至公元前3000年的陶器符号。

20世纪80年代中期，在河南舞阳贾湖的裴李岗文化墓葬出土的龟甲等上面，发现了若干刻画符号，有很像殷墟甲骨文"目"字、"户"字的，其年代范围为公元前6600至公元前6200年。这是世界最早的可能与文字有关的符号。

关于冶炼金属，二里头文化已经有不同种类的青铜器，包括礼器、兵器、工具等。其制造工艺相当复杂，有些还嵌有绿松石。近年，西自青海，东至山东，很多地点发现年代早于或相当于二里头文化的早期铜器或者制作铜器的遗址。

已知年代最早的，是1973年陕西临潼姜寨一座仰韶文化房屋基址出土的残铜片，质地是黄铜，基址年代约公元前4700年。1975年，在甘肃东乡林家一座马家窑文化房屋基址出土了一柄青铜刀，基址年代约公元前3000年。这类发现证明，金属技术在中国的出现也不晚于世界其他古代文明。

应当指出，中国文明是世界上有数的独立兴起的古代文明之一，其起源与发展过程的探讨，有可能使以往主要以近东等地文明为依据的理论得到补充和修正。对在考古学上怎样判断文明时代的问题，如有的学者所说，不能简单套用流行的标准，需要从实际出发，做到实事求是。无论如何，中国文明的肇始要比一些人设想的更早，也就是说在时间的长度上明显地延伸了。

中国古代文明在空间的广度上，也由于大量重要考古发现而扩大。1949年以前，出于历史条件的限制，为数不多的主要考古工作都位于中原一带地区，使人们的视野受到很大局限。与此同时，传统的内华夏而外夷狄的观念亦有遗留的影响，于是在古代文明研究中酿成中原中心论的流行，以为文明的原始及后来的进步无不起于中原，向周边传播辐射。

考古工作几十年来的开拓铺开，以事实的证据逐步驳倒了中原中心论。中国辽阔境域各地发现的多种多样的文化，清楚地表明中国文明从一开始就是由多地区的民族共同缔造、共同推进的。苏秉琦先生把新石器时代文化主要分为六大区系，即以燕山南北长城地带为中心的北方，以山东为中心的东方，以关中、晋南、豫西为中心的中原，以环太湖为中心的东南部，以环洞庭湖与四川盆地为中心的西南部，以鄱阳湖—珠江三角洲一线为中轴的南方。他强调"中原影响各地，各地也影响中原"，使"过去那种过分夸大中原古文化、贬低周边古文化的偏差开始得到纠正"[1]。

就夏商以下的发展而言，过分夸大中原文明的地位也是不对的。这时王朝的政治中心诚然是在中原，但在中原以外还有文明程度很高的地区，对中原同样有所影响。例如湖北、湖南

---

[1] 苏秉琦著：《中国文明起源新探》，生活·读书·新知三联书店，1999年，第39、102页。

早就出土很多精美的商代青铜器，有些比殷墟所出形制更为庞伟，工艺也没有逊色。是否属于当地文化，长时间令人怀疑，甚至被指为后世的仿制品。20世纪80年代四川广汉三星堆商代祭祀坑和江西新干大洋洲商代大墓的发掘，都获得了大量青铜器、玉器等等工巧瑰丽的文物，确证当时距中原很远的这些地区有着相当高的文明水平。

其实，很多发掘材料显示，盘庚迁殷以前的商代前期，商文化已有很广泛的分布。1963年以后湖北黄陂盘龙城的发掘，就是一个很好的例子。这不但涉及古代文明地域的广度，也关系到文明发展的高度问题。看来文献中关于商汤以来功业的描述，并非子虚。

周代考古更能与文献记载相印证。两周王朝都邑——周原的岐周、长安的丰镐、洛阳的成周，诸侯国都邑——晋、虢、应、郑、卫、燕、齐、楚、秦等等，考古工作的丰硕成果实在令人惊异。东周王朝势衰，各诸侯国的文化特色日益突出，如吴越文化、巴蜀文化、楚文化等专门课题，事实上已成为一些学科分支，使古代文明的研究大为丰富。

考古学的发现和研究，反复证明了古代文献的可信性。作为"九五"期间国家重大科研项目的"夏商周断代工程"，提出"超越疑古，走出迷茫"，以自然科学与人文社会科学相结合，多学科交叉，对夏商周年代学进行系统的探讨。这为将来的古代文明研究在方法论上开辟了新路。

这里还必须提到20世纪70年代以来大量战国秦汉简牍帛书的发现。其间如山东临沂银雀山汉墓竹简、湖南长沙马王堆汉墓帛书、湖北云梦睡虎地秦墓竹简、湖北江陵张家山汉墓竹简等，都在学术界引起热烈的讨论。特别是1993年冬出土的湖北荆门郭店楚墓竹简，内容包括儒、道等家典籍，1998年5月一发表就成为研讨的焦点。郭店简和正在陆续公布的上海博物馆藏简的考释研究，有助于重写战国百家争鸣时期的学术思想史，将中国古代文明顶峰的辉煌进一步昭示于世界。

原载《中国史研究》1999年第4期

良渚文化与文明界说

良渚文化的器物在清代业已出现,遗址在 20 世纪 30 年代开始发掘,但这一文化声闻遐迩则是近年的事。一系列内涵异常丰富的新发现,把良渚文化推上了考古学研究的前沿。

学术界热衷于良渚文化的一个主要原因,是这一文化与中国文明起源可能有关。随着材料的增多和研究的深入,学者们对良渚文化的估价越来越高。最近由余杭组织编辑的一部论文集,就题作"文明的曙光——良渚文化"[1]。书中有的文章较有保留,称"良渚文化是中华文明的源头之一";有的论作比较肯定,说"良渚文化已进入了文明时代"。这些意见的差别,只在于将良渚文化置于文明门槛的内外,同该书编委会揭示的"文明曙光从这里升起"并无背离之处。

怎样从文明起源问题的角度来研究良渚文化,是当前讨论中的关键课题。要在这一关键点上有所突破,固然有待于更多的田野发现,但有关理论探讨至少有着同样重要的意义。

文明起源问题本身便是富于理论性的。目前对于什么是文明,国内学者看法比较统一;而对于在考古学上如何判断一种文化属于文明时代,意见就很不一致了。可以看出,考古学界各家提出的文明标准,尽管彼此相异,在一定程度上都受到近

---

[1] 余杭市政协文史资料委员会、余杭市文物管理委员会、余杭市良渚文化学会、余杭市城建局编:《文明的曙光——良渚文化》,浙江人民出版社,1996 年。

些年国际上流行观点的影响。有些学者直接引用了这种观点，有些所受影响是间接的。

所谓流行观点，不妨以大家比较熟悉的英国考古学家丹尼尔[1]的论著为代表。丹尼尔1968年的《最初的文明：文明起源的考古学》一书[2]，曾重印多次，是国外这方面流传最广的著作之一。他在这本书里提到了几种文明的界说，并认为在考古学研究中最能适用的，是克拉克洪的标准——

> 一个称作文明的社会，必须具有下列三项中的两项：有五千以上居民的城市、文字、复杂的礼仪中心。

克拉克洪和丹尼尔的这种标准，国内不少作品曾引述过。

克拉克洪的学说，原系1958年在美国芝加哥大学东方研究所举行的"近东文明起源学术研讨会"上提出的。这次会议上的讲演和讨论，1960年汇辑为《无敌之城》一书出版。该书远不如丹尼尔的《最初的文明》那么普及，所以克拉克洪的学说实际是借丹尼尔的介绍和支持才得以传播的。

从克拉克洪提出他的观点的那次会议，读者不难理解他的学说主要是以美索不达米亚及埃及等古代文明的研究为基础的。西方学者关于文明的界说，情形一般都是如此。《最初的文明》的优长，正是在论述中增入了印度河谷、中国、美洲等古代文

---

1 参看李学勤：《丹尼尔及其〈考古学简史〉》，《文物研究》1989年第5期。
2 Glyn Daniel, *The First Civilizations: The Archaeology of Their Origins* (Thomas Y. Crowell Co., 1970).

明，视野拓宽了许多。不过，他由于语言隔阂，对中国考古学的叙述究竟有所局限。同时在客观上，20世纪60年代中国考古工作没有像现在这样展开，如良渚文化之类非原地区文化尚未获得充分注意。丹尼尔谈的中国只限于"黄河文明"，是不足怪的。

中国古代文明是世界上有数的独立兴起的古代文明之一。对中国文明起源和发展过程的研究，应当能使过去主要以近东等地文明为依据的一些理论得到补充和完善。张光直先生曾说："中国历史初期从原始社会向文明社会的演进过程有它自己的若干特性。如何解释它这种特性与近东和欧洲的西方文明这一段社会演进特征之间的差异，与由此所见中国历史研究对社会科学一般法则的贡献，正是亟待我们进一步积极研究的课题。"[1] 对于在考古学上如何判断一个文化是否属于文明时代的问题，恐怕也不能简单套用流行的界说。特别是面对良渚文化这样在很多方面前所未知的考古文化，我们还是要从实际出发，寻求实事求是的结论。

原载《浙江学刊》1996年第5期

---

[1] 张光直：《中国青铜时代》（二集），生活·读书·新知三联书店，1990年，第14页。

第四讲

文字起源研究与古代文明

文字起源研究是科学的重大课题

文字是人类在历史上最重要的发明之一。有了文字，人们的信息才能够远传，人们的思想才得以积累。因此，文字的出现被公认为社会进入文明的基本的、必要的标志。

文字的起源，是科学研究的重大课题。在古代世界，各个分别兴起的文明都有自己的文字，但是其文字是在什么年代、什么地方、通过怎样的过程创始的，都仍然是有待探索的问题。

中国的古文字也是这样。大家熟知的甲骨文、金文，是后世汉字的前身，其时代的上限是盘庚迁殷以后的商代后期，只有个别例子更早一些。不过看商代后期文字，不同的字数已有四千多个，并且具备了"六书"的结构，不难知道在其以前文字已经有过很长的发展历程。

事实上，在田野考古工作中，业已发现了有关中国文字起源的大量线索，不仅有商代前期、相当于夏代的，还有属于更早的种种考古文化的。在河南舞阳贾湖裴李岗文化墓葬中出土的龟甲等物品上面的刻画符号，竟早到公元前6000多年。这是世界上已知与文字可能有关的符号中最早的，比被指为两河流域苏美尔文字滥觞的黏土算筹（counters）符号还早得多。无字的这种算筹虽然始于公元前7000多年，但有符号的只能上溯到公元前3350年左右。

古埃及文字的萌芽，也是在类似的时候。我在《比较考古学随笔》中曾引述埃及学者的新论点,即古埃及文字来自公元前第四千纪先王国时期的陶器符号。这样看来,中国史前文化中大量存在的陶器、玉石器上面的符号,确有可能与文字起源相关。其中一部分只是符号,另一部分则应视为原始文字(prewriting)。

人类怎样开始使用符号,符号又是如何演变成为文字,极有研究价值。现在有了一门学科叫符号学,不过看其性质,恐怕不会解决这方面的疑难。真正解决问题,除了依靠考古学以外,应该还要与认知科学相结合。

当前关于中国文字起源讨论的一个焦点,是符号与原始文字(以及文字)的判定和区别。这一方面的争论,无疑还将继续下去,然而无论如何,像吴县澄湖等地良渚文化陶器上的多个符号、邹平丁公龙山文化陶片上的成行陶文,说与文字无关是不合适的。最近发表的襄汾陶寺陶扁壶上的毛笔朱书文字是字,也很难否定。

这样我们可以说,在中国文字起源问题上,目前已经取得了相当丰富的成果。中国文字起源的研究,应当作为中国文字学的一个独立分支。这对于整个人类文字发明的探索,也将有特殊的贡献。

有一个观点,我在不同场合说过多次,这里还想重复一下,就是不能认为在中国境内的古文字只有像商周文字那样的汉字的前身,在四川及其附近发现的巴蜀文字便不是汉字。至于史前文化的符号与原始文字、与汉字及汉字前身有无关系,更需要证明。前几年我提出,良渚文化陶器、玉器上有一种云片形或者火焰形的符号，肯定与汉字的起源没有直接联系。由此推论，我们利用对商周文字解读的知识技巧，去考释更早的符号或文字，只能是探索性的试验。夸大这种试验，难免陷于错误。

原载《中国书法》2001年第2期

汉字——中国对人类文明的重要贡献

参加这次会议以前,我从来没有想到汉字的问题包括这么多内容。我虽然不能够听到每位先生的演讲,但是我认真看了文章,汉字的研究内涵这么广泛,使我感到自己的知识非常狭窄。我只想说一句话,也是我最近几年经常想到的:对于汉字,包括它的本质和它的历史,我们知道的实际上很少,很不充分。为什么这么说呢?我是搞古文字的,特别是秦以前的文字,这就使我特别感觉到,我们对汉字历史,特别是它的发展过程知道的很少,对于它的本质知道的肯定不多。我想谈三点。

第一点,我们对于汉字历史很多段落,实际还不了解。为什么这么说呢?我想从历史上对于汉字,特别是古代文字的研究上,就可以看清楚。研究文字的鼻祖是许慎。许慎以后对于文字的研究,不管看法怎么样,包括对《说文》提出很多非议的文字学者,其思想体系和方向,都是以《说文》为基础。《说文》对文字的认识当然代表了许慎那个时期最高的学术水平,可是我们仍然要指出,《说文》里的文字知识主要是秦汉的。尽管里面有籀文、古文,可是实际不超过战国。虽然当时说山川时出鼎彝,但毕竟很有限。即使到了北宋以后,金石之学非常发达了,看到了不少商周时代的文字,但是从整个知识水平来看,仍然以《说文》为基础。所以,《说文》之学应该说是笼罩了整个的文字学，一直到清代。因此，在当时关于文字发展的知识、对于整个中国文字的历史认识主要是后一段（从秦代以后），如果多一点儿也是很有限的。什么时候在这个问题上发生转机呢？今天讲最合适，在整整一百年以前，发现了殷墟甲骨文。由于殷墟甲骨文的发现那么重要，那么有震动性，因此大家思想上出现了一个根本性的转变。甲骨文不能完全用《说文》的知识来笼罩、来包括，量这么大、时代这么古，给大家带来观念上的根本转变，认识到应该突破《说文》的范畴。从甲骨文发现以来，王懿荣、刘鹗、孙诒让、罗振玉、王国维等等一系列的学者，思想上逐渐从《说文》系统里超脱出来，把文字发展的认识向前追溯了很大一个段落，这是一个很大的发展。

甲骨文研究，或称甲骨学，从王懿荣算起，到今天已过一百年了。1999年在烟台参加甲骨文发现一百周年的纪念会，王懿荣是福山人，所以在烟台举行。接着在安阳也举行国际性的甲骨文一百周年纪念会。经过一百年的研究，知道甲骨文是一个成熟的文字系统。很多人，还有教学课本，常说甲骨文是中国最古老的文字，这话肯定不对。因为任何一种文字系统，都是由简到繁的一个发展过程。任何一种古代文明的文字不能一下子就达到甲骨文这样的水平。甲骨文的单字可以确定超过四千个字，过去说五千大概多了一点，四千个字是没有问题的。同时可以保证，甲骨文的字绝对不是当时存在的所有的字，因为只是一种占卜的工具，不可能使用到所有的字，所以当时的文字肯定要超过五千甚至六千。有五六千个单字的一个文字系统，绝对不可能是一个原始的文字系统，我想这是大家可以明白的。在这种情况下，我们可以推知，甲骨文以前一定还有一个很长的历史阶段是我们没有充分认识或者基本上不认识的。我们对于汉字的起源、它的本质上的若干问题，知道的确实很少。所以饶宗颐先生有一句话，他说谈文字最好不要谈第一义。第一义就是这字本义是什么。《说文》就最喜欢讲本义是什么，可是常常不对。今天我们看到了商代的文字，很多人也喜欢说这个第一义是什么，这比《说文》要好多了，可是有时候还有一定的困难，所以我们知道的确实很少。

根据近些年的考古发现，我们可以看到，中国古代，我们这个国家境内，存在着的文字，绝对不能认为只有一个系统。古代近东那么一块地方有那么多种语言、文字，中国这样大的地域，怎么能认为只有一种文字系统？这个文字系统就是我们汉字系统，甲骨文是，金文也是。在不同的时代和地区，还可能有其他的文字系统，我不知在座的有没有四川人，巴蜀文字就是。巴蜀文字今天没有解读，但它用在铭文中、用在印章上，而且有和汉字相对照的情况，怎么能说它不是文字呢？所以我们已经发现的一些东西，比方说刚才有先生提到山东邹平丁公的陶文，还有在大汶口、良渚文化的玉器上、陶器上发现的那些个符号，看起来就很像是文字。有的是八个一串，九个一串，还不是文字吗？不过，现在用甲骨文、金文的知识去解读，我个人认为仅仅是一种实验，因为我们没有别的办法。我们试试看，可是不一定对，因为它完全可能是一种我们从来不了解的语言文字。

对于已经知道的古代汉字，我们懂得的也是很少。可以看一看我们研究的现状。关于文字起源的问题，实际是若明若暗的。有的学者提到，近年最早涉及这一问题的有郭沫若、李孝定先生。李孝定先生1969年在新加坡南洋大学发表了一篇文章，提到了仰韶文化的一种刻画符号是文字起源，这一点在海内外没有得到多数学者的支持。较多的学者认为大汶口和良渚文化的符号可能是字，可是还没有一个统一的认识。中国汉字的起源问题能不能解决是不一定的，大家知道古代埃及文字解读和研究的历史是很长的，可是埃及文字系统的起源今天并不完全清楚。有的学者提出，埃及文字从公元前第四千纪尼罗河的中上游的一些陶文起源，举了很多例子，看起来很像，可是是不是文字也不能确定。

商代的甲骨文有4 000多个字，大家能够公认的已经读出的，我个人认为不超过1 500，这包括一些不需要怎么解读，比如"一""二""三""四""五"等在内。所以说甲骨文字我们不认识的还很多，这里面不只是一些人名、地名，而且包括一些最常用的字。20世纪70年代我写过一本小册子，还给一个朋友的书写序，曾举了一个字，就是"酉"字加三撇，这个字很多人认为是"酒"。今天我大胆地说一句，这肯定不对，因为凡是"酒"字没有这么写的（图4-1）。可见，最常用的一些字还是讲不明白。西周和春秋的文字，我们在释读方面成绩最好，道理很简单，有文献便于对照，特别是金文，每每可与《诗》《书》《周易》对照，一对照就认识了、有把握了，可是我们释读的也不是理想的那么多，仍然有若干问题解决不了。战国文字释读的也还有限。应该说，战国文字的研究真正发展从 20 世纪 50 年代才开始，到现在，时间很短，释读出了很多字。战国文字研究的一个特点，就是释读了哪个字，大家都会大吃一惊。可见我们对战国文字的知识本来非常有限，可以说大部分不对，所以发展特别显著。《说文·叙》中说六国文字"言语异声，文字异形"，所以当时的文字确实难读。

图 4-1　甲骨文"酻"字（左）与"酒"字（右）　　图 4-2　郭店简《语丛四》中的"翗"字

最近给了我们一个最大的考验，就是在湖北荆门郭店一号墓出土了大批战国竹简。1998 年 5 月出版了《郭店楚墓竹简》一书，这里有《老子》和一些儒家的书，有的有今本，一对照就知道很多字我们根本不认识，有些知道答案还是莫名其妙。大家最喜欢讨论的一个从"羽"从"能"的字（图 4-2），不知道文字学家猜了多少次，看竹简才知道同于"一二三四"的"一"字，为什么是"一"字，到现在也没有肯定的解释。还有一批同时期竹简，有一千多支，主要的部分已经从香港买回来了，藏在上海博物馆，正陆续出版。这一批简大量的是儒家的书，大家慢慢读吧。我们面临的考验过于严峻，恐怕我们都要不及格。

我觉得20世纪古代汉字的研究，除了释字以外，最主要是做了两件事。第一件事是资料的汇集。这一点确实做了大量的工作，材料太多了，甲骨超过了十万片，金文也是上万件，战国的、秦汉的文字材料更是不计其数，哪里都可能有。这么多的材料逐渐把它汇集起来，应该说是20世纪古文字学界做出的重大的成果，为下一世纪、下一时代的学者做了很好的准备。第二点就是古文字的研究能够以考古学为基础。我们做的一个重要工作就是分期，判明它的时代，不判明时代就不能研究。20世纪中国考古学迅速发展，用考古学的方法逐渐地把不同时期的文字的特点揭示出来。分期十分重要，甲骨文有甲骨文的分期研究，青铜器有青铜器的分期研究，战国文字也有其分期研究。这些问题逐渐清楚了，我们对于古代文字的演变历史也就清楚了。可是这些工作虽然重要，也仅仅是为深入研究做了一个基础。没有基础不行，可是它不是研究本身。在这样的基础之上，21世纪最重要的工作我想就是研究。没有开拓性的意识和观念，就不可能有学科的新发展。

我相信在21世纪一定有这样两点：第一点是一定会有更多更新的发现，为研究工作提供新的钥匙；第二点是一定会有新的创见，对汉字的研究起重大的促进作用。

原载《汉字的应用与传播》，
华语教学出版社，2000年

第五讲

甲骨学与古代文明

殷墟甲骨发现一百年

殷墟甲骨的发现，迄今已达一百年了。甲骨确切地说是在哪一年发现的，学术界颇有争议[1]，今后还可能讨论下去；但考虑到"村农收落花生，偶于土中检之"于是为古董商人所得之说，其始出或在1898年冬，而由王懿荣鉴定则是1899年。

甲骨的出现导致一门学科的产生，就是现在大家知道的甲骨学。"甲骨学"这个词系何人何时首创，有待考证，然据胡厚宣先生的《五十年甲骨学论著目》，率先以"甲骨学"揭橥于论著标题的，是朱芳圃先生。朱氏是王国维先生在清华的弟子，他在1933年出版专著《甲骨学文字编》，1935年又印行《甲骨学商史编》。同时，1934年《中法大学月刊》有李星可《甲骨学目录并序》，1935年复旦大学《文学期刊》有郑师许《我国甲骨学发现史》[2]。此后"甲骨学"作为学科名称便广泛流行[3]。

甲骨学的内涵可有狭义与广义。狭义的甲骨学特指甲骨及其文字本身的研究，广义的则举凡以甲骨文为材料论述历史文化者皆得纳入。过去如董作宾先生《甲骨学五十年》(后修改为

1　王宇信著：《甲骨学通论》，中国社会科学出版社，1989年，第24—32页。
2　胡厚宣编：《五十年甲骨学论著目》，中华书局，1983年，第161—164、30页。同书第141页1933年《通报》苏联布那柯夫《甲骨学之新研究》，标题乃后来译文。
3　濮茅左《甲骨学与商史论著目录》(上海古籍出版社，1991年)载，1930年周予同先生在《学生杂志》有《关于甲骨学》一文，翌年《开明活页文选》又有周蘧同题文章。两文未见，记此备考。

《甲骨学六十年》)、胡厚宣《甲骨学商史论丛》《五十年甲骨学论著目》、严一萍《甲骨学》等，取义均较专门。这里所述也想以狭义的甲骨学为限，略陈拙见，请方家指教。

让我们先由甲骨的搜集著录谈起。殷墟甲骨到如今一共出土了多少片？因为"片"的定义不很明确，加之收藏分散，不断流动转手，要精密统计是很不容易的。20世纪50年代初，陈梦家先生曾估计为10万片[1]。近年，胡厚宣先生计算有16万多片[2]。有学者表示不同意，仍认为"近10万片"为妥[3]。2003年5月9日《中国文物报》刊出的孙亚冰《百年来甲骨文材料再统计》一文，则主张约13万片。甲骨绝大多数是碎片，陈梦家文以小屯YH127坑情形为准，推断相当"完整的甲和胛骨数千"，不过YH127龟甲基本完好，从历年发掘经验看，实在是罕见的，多数情况下甲骨在埋藏时业已残碎，所以碎片所代表的完整甲骨数量会更多。

甲骨的著录，始于1903年刘鹗的《铁云藏龟》，到1983年郭沫若先生主编、胡厚宣先生总编辑的《甲骨文合集》图版13册出齐，为一大结穴。《合集》汇总诸家，共收录甲骨41 956片，当时已出材料的主要内容皆已搜罗在内。作为《合集》组成部分的释文及来源表，也已经出版。

《合集》以后，又有若干著录问世。其间比较大宗的，发掘品有中国社会科学院考古研究所的《小屯南地甲骨》；收藏品

1　陈梦家：《解放后甲骨的新资料和整理研究》，《文物》1954年第5期。
2　胡厚宣：《八十五年来甲骨文材料之再统计》，《史学月刊》1984年第5期。
3　孟世凯：《中华民族文化的凝聚力：汉字》，《中华文化论坛》1997年第1期。

有许进雄《怀特氏等收藏甲骨文集》,松丸道雄《东京大学东洋文化研究所藏甲骨文字》,李学勤、齐文心、艾兰《英国所藏甲骨集》,雷焕章《法国所藏甲骨录》与《德瑞荷比所藏一些甲骨录》,伊藤道治《天理大学附属天理参考馆藏品甲骨文字》,胡厚宣《苏德美日所见甲骨集》和《甲骨续存补编》,等等。中国社会科学院历史研究所的学者已出版了《甲骨文合集补编》。

《合集》及其后种种著录,为全面整理殷墟甲骨准备了条件。例如吉林大学于省吾先生等学者安排计划,编著"《殷墟甲骨刻辞摹释总集》、《殷墟甲骨刻辞类纂》、《甲骨文考释类编》(出版时名《甲骨文字诂林》)、《甲骨文选》等四部著作",构为"一个完整的系列"[1]。这些书籍,已经取代了多年来人们习用的李孝定《甲骨文字集释》、岛邦男《殷墟卜辞综类》等书。其中《甲骨文选》未出,但已有王宇信等主编的《甲骨文精萃选读》和徐谷甫、濮茅左的《商甲骨文选》等,体例略似。

整理工作,还需要提到香港饶宗颐先生主编的《甲骨文通检》[2]。《通检》共出五册,第一册先公、先王、先妣、贞人,第二册地名,第三册天文气象,第四册职官人物,第五册田猎,极便学者。据闻香港中文大学中国文化研究所有"甲骨文电脑资料库研究计划",规模宏大,正逐步实施中。

甲骨的缀合复原,也是整理的一个重要方面。缀合专书,

---

[1] 姚孝遂:《殷墟甲骨刻辞摹释总集·序》,载中国古文字研究会、中华书局编辑部编《古文字研究》(十九辑),中华书局,1992年,第597—606页。参见赵诚:《关于〈甲骨文字诂林〉》,《书品》1997年第3期。

[2] 饶宗颐主编:《甲骨文通检》(第一——五册),沈建华编辑,沈之瑜校订,香港中文大学出版社,1989—1999年。

始于曾毅公先生 1939 年的《甲骨叕存》，该书于 1950 年扩大出版为《甲骨缀合编》。专就抗战前发掘所获甲骨缀合的，有郭若愚先生等《殷虚文字缀合》[1]、张秉权先生《殷虚文字丙编》[2]。70 年代以后，又有严一萍《甲骨缀合新编》及《甲骨缀合新编补》[3]，以及蔡哲茂《甲骨缀合集》[4]。

据以上叙述可见，甲骨的著录和整理，于几代学者的努力下，业已有了显著的成绩，为深入研究奠定了很好的基础。当然这样说并不意味今后没有更多工作好做。以材料的搜集而论，国内外还有若干公私收藏，数量尽管不多，仍有精品，令人兴遗珠之叹。著录的方式也可以改进。早期仅用拓本，甚或限于条件，以摹绘代之，不少原物至今已不可见，非常可惜。实则甲骨除文字以外，其本身尚需从许多角度考察研究，不是拓片摹本所能代替。对较重要的标本，采用彩色摄影等等方法著录，将有裨于研究的进展。缀合拼复也有好多工作可以进行。比如《殷虚文字乙编》新版和补遗已出，《甲、乙编》的坑层记录也发表了，使这些发掘材料的进一步拼缀更有条件。

甲骨文字的考释，是古文字学最明显的一项成果。自 1904 年孙诒让著《契文举例》发端，不知有多少学人于此付出心力。释读文字的作品，在每年出现的甲骨学论作中，总是居首位。

---

[1] 郭若愚、曾毅公、李学勤缀集：《殷虚文字缀合》，中国科学院考古研究所编辑，科学出版社，1955 年。
[2] 张秉权著：《殷虚文字丙编》，历史语言研究所，1957—1972 年。
[3] 严一萍撰：《甲骨缀合新编》，艺文印书馆，1975 年；严一萍撰：《甲骨缀合新编补》，艺文印书馆，1976 年。
[4] 蔡哲茂著：《甲骨缀合集》，乐学书局，1999 年；蔡哲茂著：《甲骨缀合续集》，文津出版社，2004 年。

已出土甲骨到底包含多少不同的字，长期以来学者间有各种估计。多数人根据孙海波《甲骨文编》、金祥恒《续甲骨文编》，推定为 5 000 字以上；然而近日有学者做了仔细研究，指出只有 4 000 字左右，其说当更可据，详见 2001 年香港中文大学出版社印行沈建华、曹锦炎《新编甲骨文字形总表》。于省吾先生考释甲骨文字，收获甚巨，其《甲骨文字释林》自序云，甲骨文字"已被确认的字还不到三分之一，不认识的字中虽有不少属于冷僻不常用者，但在常用字中之不认识者，所占的比重还是相当大的……所以说目前在甲骨文字的考释方面，较诸罗（振玉）、王（国维）时代虽然有所发展，但进度有限"。20 年前他这番话今天仍旧适用，可见甲骨文的读释是十分困难的。有人宣称在短期内释出多少字，断不可信。

甲骨文的字编，起着汇集文字考释成果的作用。这种字编虽以罗振玉 1916 年的《殷虚书契待问编》为滥觞，惟其内容限于待考，真正成系统的当以 1920 年王襄先生《簠室殷契类纂》、1923 年商承祚先生《殷虚文字类编》为最早，而最流行的是孙海波《甲骨文编》。《甲骨文编》初版于 1934 年，1965 年出了修订版[1]。近年新出的徐中舒先生主编《甲骨文字典》[2]，更为广博精审。结集诸家训释的专书，过去较完备的是李孝定先生《甲骨文字集释》[3]，近期则有上面谈到的《甲骨文字诂林》，着手考释甲骨文字者都可由之得到帮助。

---

1 中国社会科学院考古研究所编辑：《甲骨文编》，中华书局，1965 年。
2 徐中舒主编：《甲骨文字典》，四川辞书出版社，1989 年。另有刘兴隆著：《新编甲骨文字典》，国际文化出版公司，1993 年。
3 李孝定编述：《甲骨文字集释》，历史语言研究所，1965 年。

董作宾先生 1935 年的名文《甲骨文断代研究例》[1]，是殷墟甲骨分期的开山之作。"断代研究"本为一词，由于大家习引《甲骨文断代研究例》，在古文字学界竟把"断代"当成"分期"的同义语了。甲骨大多是非发掘品，缺少坑位和地层关系的记录，给分期带来障碍。董氏以发掘材料为基础，创立了五期的分期学说，为学者普遍遵循。此后随着殷墟发掘中甲骨新材料的发现，他对自己的分期进行了几次补充修改，如在《殷虚文字乙编自序》中提出"文武丁卜辞"之说，在《甲骨学五十年》中认为第一期应包括祖庚。"文武丁卜辞"说引起了一系列讨论，陈梦家先生 1951 年起在《燕京学报》上发表《甲骨断代学》（后收入《殷虚卜辞综述》）[2]，指出"文武丁卜辞"其实属于武丁时代。1953 年，日本贝冢茂树、伊藤道治两先生的《甲骨文断代研究法之再检讨》[3]，也有类似意见。陈梦家等先生的见解，近年已得到考古发掘证据的支持。

在"文武丁卜辞"问题讨论之后，又有"历组卜辞"的问题。历组卜辞基本上即董氏五期中第四期那类卜辞。1928 年，加拿大学者明义士作《殷虚卜辞后编序》（未完成），曾认为这类卜辞属武丁后半至祖庚时。1960 年以后，我达到类似的看法，1977 年以殷墟妇好墓的发现为契机，提出了自己的意见。此说后来幸得裘锡圭、林沄等先生的支持发展，同时也有不少学者

　　1　董作宾:《甲骨文断代研究例》，载历史语言研究所研究员外国通信员编辑员协理员共撰《庆祝蔡元培先生六十五岁论文集》，国立中央研究院，1935 年。
　　2　陈梦家著:《殷虚卜辞综述》，科学出版社，1956 年。
　　3　贝冢茂树、伊藤道治:《甲骨文斷代研究法の再檢討——董氏の文武丁時代卜辭を中心として》，《东方学报》1953 年第 23 册。

反对。1973年小屯南地的发掘，进一步刺激了有关的讨论。由历组卜辞的研究，引申到甲骨分期理论的检讨，形成了被称为"两系说"的分期新说。关于新说的详情，可看1996年末出版的《殷墟甲骨分期研究》一书[1]。

甲骨分期讨论持不同见解的各方，对有关研究的深入都有其贡献，这是我多次强调过的。综观讨论的过程，田野发掘的进展实有其决定的影响。最近小屯南地发掘报告的发表[2]，使我们对不同意"两系说"的看法有了更多的认识[3]。相信殷墟的继续发掘，会促进分期问题的解决，到那个时候，运用甲骨材料去探讨历史文化就将更加便利。

殷墟甲骨的发现，引导到殷墟遗址的确认及其一系列发掘，从而展现出商代丰富光辉的文化面貌，已经载入世界考古学的史册[4]。也许更重要的是，这一重大发现以不容辩驳的证据填补了古史的空白。对于我国绵延久远的历史，曾有种种怀疑否定的论点，例如19世纪晚年，有名考古学者德摩根在其《史前人类》中便断言中国文明只能上溯到公元前七八世纪[5]，与其后国内提出的"东周以上无史"论相合。甲骨的发现和殷墟的发掘，

---

1 李学勤、彭裕商：《殷墟甲骨分期研究》，上海古籍出版社，1996年。以上叙述参见李学勤：《殷墟王卜辞的分类与断代·序》，载黄天树著《殷墟王卜辞的分类与断代》，文津出版社，1991年，第1—5页。

2 中国社会科学院考古研究所安阳工作队：《1973年小屯南地发掘报告》，载《考古》编辑部编《考古学集刊》（第九集），科学出版社，1995年。参看郭振禄：《小屯南地甲骨综论》，《考古学报》1997年第1期。

3 李学勤：《读〈1973年小屯南地发掘报告〉》，待刊。

4 Glyn Daniel, *A Short History of Archaeology* (Thames and Hudson, 1981), p.174.

5 Jacques de Morgan, *Prehistoric Man* (1924), cited in Glyn Daniel, *A Short History of Archaeology* (Thames and Hudson, 1981), p.173.

一下子恢复了一大段古史。王国维研究甲骨，论证了商朝先公先王的谱系，他说："由此观之，则《史记》所述商一代世系，以卜辞证之，虽不免小有舛驳，而大致不误，可知《史记》所据之《世本》全是实录。而由殷周世系之确实，因之推想夏后氏世系之确实，此又当然之事也。又虽谬悠缘饰之书……其所言古事亦有一部分之确实性，然则经典所记上古之事，今日虽有未得二重证明者，固未可以完全抹杀也。"[1]这在方法论上为古史的重建带来了光明，无怪乎郭沫若先生在1929年的《中国古代社会研究》自序中对王氏给予了很高的评价。

甲骨学一百年间，名家辈出，论作如林，特别是20世纪50年代以来，发展更为迅速。《五十年甲骨学论著目》出版于1952年，所收876条，当时已叹为大观；而1991年印行的《甲骨学与商史论著目录》，竟有16开本631页，1999年出版的《百年甲骨学论著目》，更增收至10 946条，篇幅近1 600页[2]。繁多丰富的成果，自然不是小文所能缕述的。好在这些年有了一些概述性的专著，如王宇信《甲骨学通论》，吴浩坤、潘悠《中国甲骨学史》等。1999年出版的《甲骨学一百年》一书[3]，规模更大，对20世纪甲骨学进行了全面的总结叙述。

甲骨学的研究尽管已有相当长的历史、非常多的成果，但仍然有好多工作要做，许多疑难没有解决。实际上，甲骨的奥

---

1 王国维著：《古史新证——王国维最后的讲义》，清华大学出版社，1994年，第52—53页。
2 濮茅左编：《甲骨学与商史论著目录》，上海古籍出版社，1991年。宋镇豪主编：《百年甲骨学论著目》，语文出版社，1999年。
3 王宇信、杨升南主编：《甲骨学一百年》，社会科学文献出版社，1999年。

蕴大部分还不曾抉发，用以探究古代历史文化也大有可为。以为甲骨研究得差不多了的止步自画的观点，是不可取的。这里想特别说的是，甲骨学今后的发展一定要进一步以考古学为基础。甲骨本身是一种考古遗物，考古学的理论和方法同样适用于甲骨的研究，随着考古学与现代科技的结合，甲骨的鉴定研究也会引进新的手段[1]。相信21世纪的甲骨学将更为发扬光大。

原载《文物》1998年第1期

---

[1] 参看仇士华、蔡莲珍：《解决商周纪年问题的一线希望》，载中国社会科学院考古研究所编《中国商文化国际学术讨论会论文集》，中国大百科全书出版社，1998年。

甲骨文的世界

大家了解，甲骨是一种占卜的遗物，甲骨上面的文字主要是占卜的记录，因此不应以为甲骨文能全面地体现商代的社会状况。古人说，卜以决疑，对于没有疑问的事，就无须进行占卜。有些人主张甲骨文包罗万象，甲骨文中没有的，在商代便不存在，这是不正确的。

对于甲骨上的文字本身，也应该采取类似的看法。甲骨所见的 4 000 多个文字并不是当时存在的所有字数，因为甲骨文不能反映全面的生活和文化，必定有不少字从未在甲骨上面使用，况且已经发现的甲骨又远不是那时占卜刻辞的全部甲骨。

尽管如此，甲骨文有这样多个不同的文字这一点，已足以说明商代已有成熟的文字系统。有些论著把甲骨文说成中国最早的文字，看来并不合乎事实。在甲骨文出现以前，文字肯定已经有了漫长的发展史。

甲骨文字的成熟性，还可以从字的构造看出。我国从东汉许慎的《说文解字》以来，即有传统的"六书"说，即把字分为象形、指事、形声、会意、转注、假借六类。在甲骨的文字中，这六类字都能找到，而且形声字已经占了较大的比例。按照文字形声字越晚越多的发展趋势看，甲骨的文字也远不是原始的。

今天我们能看到的商代文字，以甲骨文为最多，但甲骨文只是当时文字的一种特殊的形态。甲骨文是用锋利的工具契刻在甲骨上的，在表现上和用毛笔书写颇有不同。比如圆转的笔画每每刻成方折，填实的部分大都刻成空框，像"丁"字本来是圆形的黑点，在甲骨上一般刻为一个小方框。在商代的陶器、玉器及个别甲骨上，还可看到当时用毛笔写成的文字，朱墨都有，形态与甲骨文就不太一样，有的很不易释读。不难猜想，假如将来真的发现商代的竹木简册，即书籍，在考释文字方面一定还需要下很大的功夫。

还应该考虑到，甲骨由于表面狭小，不能容纳很多文字，所以甲骨卜辞大都简短，语法也较简单。看传世文献，《尚书·商书》《诗经·商颂》，均比甲骨文长而复杂。我们也不能根据甲骨文的简短，断言商代不会有长篇的文字。

甲骨文受到国内外学者重视，很主要的原因是其中记述了传世史书中罕存的商代历史。《史记》固然有《殷本纪》，但除商王世系以外，仅据《商书》《商颂》等少数文献，实质内容不多。人们对于商代史事的了解非常有限，600年的商代史，绝大部分久已被遗忘了。

在甲骨卜辞中重新揭示商代的历史，可以罗振玉、王国维发现"王亥"为例。王亥是商王的先祖，其事迹虽在古书中有所记载，却久已湮没。王国维在《殷卜辞中所见先公先王考·序》中写道："甲寅（1914）岁暮，上虞罗叔言（振玉）参事撰《殷虚书契考释》，始于卜辞中发见王亥之名。嗣余读《山海经》《竹书纪年》，乃知王亥为殷之先公，并与《世本·作篇》之胲、《帝系篇》之核、《楚辞·天问》之该、《吕氏春秋》

之王冰、《史记·殷本纪》及《三代世表》之振、《汉书·古今人表》之垓实系一人。尝以此语参事及日本内藤（虎次郎）博士，参事复博搜甲骨中之纪王亥事者，得七八条，载之《殷虚书契后编》；博士亦采余说，旁加考证，作《王亥》一篇，载诸《文艺杂志》。"王亥的发现，在商史研究上有很大的影响。

王国维所引文献里的胲、核等等，都是王亥的异文。《山海经·大荒东经》说：

> 有困民国，勾姓，而食。有人曰王亥，两手操鸟，方食其头。王亥托于有易河伯仆牛。有易杀王亥，取仆牛。河念有易，有易潜出，为国于兽，方食之，名曰摇民。

这段话充满了神话色彩，实际有其史实背景。古本《竹书纪年》载：

> 殷王子亥宾于有易而淫焉，有易之君绵臣杀而放之。是故殷主甲微假师于河伯，以伐有易，灭之，遂杀其君绵臣也。

主甲微即王亥之子上甲微，是汤的高祖父。

王亥旅居于易，被易君绵臣所杀，他寄托在易的牛也丧失了。牛是属于河伯的，于是王亥之子上甲借河伯的兵，攻灭了易。这个故事在古时是有名的，所以《周易》"旅"卦的爻辞中有：

> 鸟焚其巢，旅人先笑后号咷。丧牛于易，凶。

这里所说的旅人正是王亥。不过，在从甲骨卜辞里找出王亥以前，这段历史竟无人注意。

类似的情形，还有鬼方。《周易》"既济"卦的爻辞：

> 高宗伐鬼方，三年克之。

"未济"卦的爻辞：

> 震用伐鬼方，三年有赏于大国。

这里的高宗即商王武丁，《史记·殷本纪》说他在位时"殷道复兴"。伐鬼方，是武丁时的一件要事。

传统的解释认为，"鬼方"的意思是远方，如《诗经·荡》的毛传就说："鬼方，远方也。"汉代以下传统注释都持类似意见。只有《周易集解》引汉人虞翻的注说："鬼方，国名。"

"鬼方"到底是泛指的远方，还是专指的一个国名？长期未有确证，直到殷墟发掘出土的甲骨上面出现了"鬼方"，才有了新的线索。

《殷虚文字甲编》3343（图5-1）和《乙编》6684（图5-2）都是武丁卜辞，系同时所卜，只是卜人不同。前者为："己酉卜内［贞］，鬼方阳亡囚（咎）。五月。"后者为："己酉卜宾贞，鬼

图 5-1 《殷虚文字甲编》3343　　图 5-2 《殷虚文字乙编》6684

方阳亡囚（咎）。五月。"这可以对照《乙编》6382，也是同时卜问的卜辞："己酉卜㱿贞，弁方亡其囚（咎）。五月。己酉卜㱿贞，弁方其有囚（咎）。"容易看出，"鬼方""弁方"都是国名，"鬼方阳"可能是鬼方的君长。

《后汉书·西羌传》说：

> 至于武丁，征西戎（或作羌）鬼方，三年乃克。故其诗曰："自彼氐羌，莫敢不来王。"及武乙暴虐，犬戎寇边，周古公逾梁山而避于岐下。及子季历，遂伐西落鬼戎。

看来鬼方属于西戎,与甲骨卜辞常见的羌有关。这与认识武丁时期的形势有很大关系。

这一类例子足以说明殷墟甲骨蕴涵着许多商代历史的事迹,绝大部分是前所未知的。西周的甲骨,情形也是如此。

据《史记》等文献,周本是商朝的属国,季历和他的儿子周文王都是商的诸侯,称为西伯,文王还曾在商王帝辛(纣)朝中任三公之职。有些学者对这一点不相信,认为商周间没有这样的关系。

周原岐山凤雏发现的卜甲,有属于文王时的,其中有下列卜辞:

……在文武……贞,王其昭裣×天,×典,䩞周方伯,××,囟(斯)正,亡左……王受有祐。

贞,王其祭,侑太甲,䩞周方伯,盡,囟(斯)正,不左于受有祐。

意思是商王举行祀典,向天和先王上告周方伯之事。考虑到卜甲是周人卜问的遗物,商王告于天和太甲的可能是对文王的任命。不管怎样,这证实周臣属于商是可信的。

总之,研究商周历史,都不能离开甲骨卜辞。

甲骨文之所以珍贵重要,还有一个原因,是保存着商代的许多天象记录。其中最为国内外学者重视的,是武丁至祖庚时的日月食记录。这些记录可用现代天文学方法推算证认,从而成为中国年代学的基准点。

在属于殷墟甲骨王卜辞的村北系的宾组卜辞里，有五次月食的记录。这些关于月食的卜辞，可以根据最新的分期理论排出先后顺序，知道都在武丁晚年到祖庚之间，其时间跨度不会很长。据中国科学院紫金山天文台的天文学家张培瑜先生计算，在公元前1500—前1000年之间，只有一组年代能够既合于卜辞记日的干支，又合于卜辞的先后顺序，即：

  公元前 1201 年　　癸未夕月食
  公元前 1198 年　　甲午夕月食
  公元前 1192 年　　己未夕向庚申月食
  公元前 1189 年　　壬申夕月食
  公元前 1181 年　　乙酉夕月食

这五次月食的时间跨度是 21 年。

这里要说明，以往曾有学者讨论过的宾组卜辞所谓"三焰食日"，其实不是日食记录。其"食日"一词是一天内的时段名称，即"大食"，与日食无关。还有很多论著谈到的"鸟星"等，也不是天象记载。

甲骨卜辞中的天象材料，仍有待于寻觅发现。比如，由于否定了"鸟星"，有学者便怀疑卜辞的"新星"。仔细考察，"新星"记录的文例同于"有出虹""有鸣雉"一类自然异象，"星"字写法也与"鸟星"的"星（晴）"有别。看来"新星"仍是非常重要的天象记录。

卜辞中的气象记录也很重要。不少卜辞既有月份又有气象情况,学者们遂得以研究当时气候的特点。武丁较早时候的𠂤组卜辞及略后一些的宾组卜辞中,这类材料最多。值得注意的是,𠂤组有一部分卜旬辞,即卜问十日之内吉凶休咎之辞,后面详记了该旬气象的状况,如:

癸酉卜王,旬,一月。四日丙子雨自北。丁雨。二日阴。庚辰……

癸巳卜王,旬……月。三日丙申昃雨自东,小采既。丁酉雨至东。

又如:

癸丑卜贞,旬。甲寅大食雨自北,己卯小食大启。丙辰中日亦雨自南。

癸亥卜贞,旬,一月。昃雨自东。九日辛未大采格云自北,雷,延(诞)大风自西,刜云率雨,毋蕭日。

由这类记载,大家得以窥见3 000多年前安阳一带的气象变化,确实弥足珍异。

甲骨文蕴含有相当多的科学史素材,有时与神话混杂难辨。如常有人主张那时只有春秋两季,但卜辞祭四方、四风,更有一版胛骨刻辞(图5-3)云:

东方曰析,风曰协;

南方曰因,风曰凯;
西方曰彝,风曰韦;
北方曰宛,风曰役。

图 5-3 《甲骨文合集》14294

所谓"析""因""彝""宛",见于《尚书·尧典》和《山海经》,"彝"或作"夷","宛"或作"鹓""隩",系神名,又象征着四季的农事操作。这四方之神,职能一是出入风,二是司日月之长短,实际是代表了二分二至(春分、秋分、夏至、冬至)。这说明商代已经有了四季,而且以四方、四风和四季组成一种宇宙框架。周秦以下流行的宇宙论,正是从这里演变发展而来的。

为了进一步说明甲骨卜辞在科学史研究上的价值,这里再举祖庚时一次蝗灾的记录作为例证。下列卜辞是从若干相联系的历组卜辞中选取出来的:

> 庚午贞,黾大称,于帝五介臣宁。在祖乙宗卜。
> 贞,其宁黾于帝五介臣,于上甲告。
> 于漳宁。
> 癸酉贞,帝五介,其 × 牢。
> 癸酉贞,其三小宰。
> 癸酉贞,于上甲。
> 于南兮。
> 于正京北。
> 癸酉贞,日月有食,惟若。
> 癸酉贞,日月有食,非若。
> 乙亥贞,侑伊尹。
> 乙亥贞,其侑伊尹二牛。
> ……入商。左卜占曰:"弜(弗)入商。"
> 甲申宰夕至,宁用三大牢。

甲骨文中的"宰"字,象有触角、翅、足的昆虫之形,其本义是蝗虫。有一条武丁卜辞说:

> 庚戌卜贞，有䖵䘌，惟帝令歖。

"䘌"字当为"众"的繁文，在这里读为"螽"，就是"螽"字，"螽䘌"即蝗虫，所以卜辞是说有蝗虫，是上帝命令歖收。据此读上引历组卜辞，含义便清楚了。

庚午这一天，"䘌大称"，即蝗虫大起。蝗由只能跳跃食草的蝻，生翅飞起，是蝗灾的起始。"帝五介臣"在卜辞里和漳（漳水）一样，是地名，即蝗灾兴起的所在。故卜问于此举行"宁"（镇压灾害的祀典），告于先祖上甲。随后，蝗灾迅速扩展，于是在癸酉（庚午后第四天）在"南兮"和"正京北"举行"宁"的仪式。这一天，刚好又发生了交食的天象。"日月有食"是日月频食，指癸酉这一天之前曾有另一次食象。这对于古人来说，是很可怖的凶兆，况且与蝗灾同时出现。再过几天，蝗群已逼近商都，故卜问它们是否"入商"，"左卜"（卜官）做了乐观的估计。不料到甲申（庚午后第十五天）晚间，蝗群终于侵入商都地区。

甲骨卜辞中存在着大量的地名，包括都邑、方国、山川、森林等等。由于卜辞的主体是商王或其臣属，见于甲骨的地名主要反映出商朝统治的地域及其影响所及的范围。

当人们刚刚通过甲骨研究揭开商代幕幔之际，绝大多数的见解认为商朝的范围很小，只限于河南、山西、河北、山东几省之间的一块区域，这种传统看法延续了很多年。近年的考古工作业已证明，商文化遗址和商文化遗物的出土地点，分布非常广袤。以青铜器为例，北至内蒙古北部，东到山东，南至广西、四川，西到甘肃东部，都有发现，这使学者们不能不重新考虑甲骨地名可能涉及的地域。

历来考证甲骨地名的论著，大多运用沿革地理的方法，即以甲骨与后世文献的地名互相比对。应当指出，由于商代相当古远，后世地名相同或相似的又多，单纯以地名比附，即使找出一串共同地名，仍然是难以确定的。另外，甲骨中所见地名也会有异地同名的，看见同名就彼此联系，难免发生错误。要真正确定甲骨地名的方位，最好是取得考古学方面的证据。

甲骨文中与地理有关的最重要的记载，是商末的征尸（夷）方卜辞。现已证明，这组卜辞属于帝辛十祀至十一祀，共联系甲骨近40片，详细记述了王与攸侯喜征伐夷方的往返历程，有一系列地名。至于夷方位于何处、有关地名与后世地理有怎样的关系，曾有种种不同的意见。

1973年，在山东兖州的李宫村发现一批商末青铜器。铭文有族氏"索"，即周初封鲁殷民六族中的索氏，由此知道其位置在今兖州。索正是征夷方路线上的地名之一。

据征夷方等卜辞，索距离杞为两天的行程。杞应为出土过杞国青铜器的山东新泰，在兖州东北。商末青铜器有杞妇卣，铭文是"亚醜，杞妇"，器主为亚醜族氏之女而嫁于杞。亚醜的青铜器多出在新泰东北的益都。

卜辞有"小臣醜其作圉于东"，是说醜的封疆在东方，即指亚醜族氏。卜辞还提到醜在敌人大出时赶往攸地，可见攸离益都不会太远。这样我们知道，夷方当指山东一带的东夷。帝辛征夷方，确如董作宾等先生所论，即《左传》讲的"纣克东夷"。

原载《甲骨百年话沧桑》，
上海科技教育出版社，2000年

甲骨学的七个课题

1899年,王懿荣首先鉴定了殷墟甲骨[1],到现在已满一百周年。为了纪念这件在学术史上具有重要意义的大事,海内外学者组织了若干次研讨会,这标志着甲骨学这门国际性的学科,正以迅速发展的势头跨进新世纪。

20世纪50年代,当甲骨学发展了50年的时候,董作宾、胡厚宣、陈梦家等先生曾有论作总结。他们所特别关心的几点,如甲骨资料的搜辑结集、工具书的编纂出版、甲骨分期的论证研究[2],在其后50年间都做出了很大的成绩,为今后甲骨学的继续进步提供了良好的条件。21世纪的甲骨学,应该属于全面系统深入研究的阶段,我觉得,需要着力探索的,可以举出下列七个课题:

第一,文字的研究。

甲骨的鉴定研究,由文字的辨识考释开始。文字的释读,始终是甲骨研究的中心内容和关键所在。

已发现的甲骨文,究竟有多少不同的字,是一个很难确定的问题。这是因为进行统计的各家,在哪些字形是异体别构这一方面,理解互相不同。不过无论如何,把数量推断在4 000

---

[1] 参看李学勤:《王懿荣集·序》,载吕伟达主编《王懿荣集》,齐鲁书社,1999年,第1—9页。
[2] 参看刘梦溪主编:《中国现代学术经典·董作宾卷》,河北教育出版社,1996年,第290—293页。

至 5 000 之间，是妥当的。在这 4 000 至 5 000 个字里面，得到释读并为大家所公认的不及一半，所以考释文字仍是我们迫切的任务。

没有释读的字，不少是比较稀见的人名、地名。尽管有人说，释出一个字，好像发现一颗行星，但这样的字能否考定，究竟关系较小。至于一些甲骨文中的常用字，有没有正确释读，就会有很大的影响。例如裘锡圭先生近年释出宾组卜辞内的"皿"字[1]，不仅好多文句的难点涣然冰释，还促进了月食记录的顺利推算[2]。有计划地将这一类字选出释读，会对学科前进多有裨益。

释读古文字，一般就是说明该字相当后世的某字，这便要指出其间字形演变的联系，有时也涉及音和义的演变。不能说明这种联系，释读即缺乏可信的基础。以往释读甲骨文字，总是从具体的卜辞里某个字出发，寻找其与后世文字的关系。考虑到商代晚期文字已具备成熟的系统，今后不妨试以后世的文字为起点，追溯其在甲骨文中是否存在，如果存在又作何形体，揣想必能有不少收获。

第二，卜法、文例的研究。

甲骨本身是古代占卜的遗物，甲骨文除去极少例外，都是占卜过程的记录。因此，如果没有对甲骨占卜产生变化的历史及其操作方法的理解，便不能真正认识甲骨和甲骨文。

---

[1] 裘锡圭：《释殷虚卜辞中的"𠙴""𠁥"等字》，载《第二届国际中国古文字学研讨会论文集》，香港中文大学中国语言及文学系，1993 年，第 73—94 页。
[2] 张培瑜：《甲骨文日月食与商王武丁的年代》，《文物》1999 年第 3 期。

用甲骨来占卜的习俗，早在殷墟时期以前即已流行，于商亡以后也仍长期存在，只是在殷墟把占卜记录刻于甲骨上的风气特别兴盛而已。中华人民共和国成立初年，陈梦家先生强调各地无字甲骨出土的调查研究[1]，有人不予重视，这种看法近年才得到改变。已经知道，龙山时代若干种文化皆以烧灼胛骨占卜，但其兴起地点和传播过程仍欠清楚，需要进一步探索。

研究甲骨卜法，关系到怎样读甲骨上面的占卜记录，即卜辞。三四十年代，有些学者根据传世文献，对照甲骨实物，曾经做过很好的探讨，例如沈启无等的《龟卜通考》[2]，近来这方面工作反而较少。

怎样读卜辞，就是甲骨学者说的"文例"问题。从备取和修治甲骨开始的占卜操作，各个环节如何记录在甲骨上面，一版上的卜辞彼此有什么关系，不同版上的卜辞互相又可能有什么关系，诸如此类的"文例"，对于甲骨研究均非常重要。

第三，缀合、排谱的研究。

早有学者指出，甲骨大多分裂破碎，"为求文例的研究及窥见卜辞的完整记载，甲骨缀合实为最急切最基本的工作"[3]。原属同版的甲骨碎片连接复原，称为缀合；本相关联的不同版甲骨的排比连属，则称为排谱。

我一直认为，最需要也最值得做缀合、排谱这种整理工作的，是1936年小屯村北发现的YH127坑卜甲[4]。这坑卜甲本有

1　陈梦家：《解放后甲骨的新资料和整理研究》，《文物》1954年第5期。
2　沈启无、朱耘庵：《龟卜通考》，《国立华北编译馆刊》1942年第1期。
3　陈梦家：《甲骨缀合编·序》，载曾毅公《甲骨缀合编》，修文堂，1950年，第1页。
4　胡厚宣著：《殷墟发掘》，学习生活出版社，1955年，第99—101页。

"完整之龟版三百余件，惜亦因第二次世界大战，辗转运输，又复破碎"[1]。20世纪50年代以来，有《殷虚文字缀合》《殷虚文字丙编》等等缀合成果，在《甲骨文合集》里连缀也很多，可是300余版的原貌尚未恢复。最近著录此坑的《殷虚文字乙编》已有新版及补编，坑层记录亦已发表，彻底整理这坑卜甲的条件业已成熟。

YH127坑卜甲有与《乙编》以外碎片拼合的事例，如胡厚宣先生缀合的"四方风名"腹甲上半部，《殷虚文字缀合》中收录的于省吾先生旧藏腹甲等。唐兰先生旧藏的两版刻兆整龟[2]，很像此坑所出。20世纪50年代初，由文化部拨交北京图书馆的一匣甲骨，也有可与YH127坑卜甲（如《乙编》4810）缀合的。这些材料的出现都较晚。此外，YH127卜甲有无与以往著录缀合或同文之例，有无与胛骨同文或系联之例，都是与认识该坑性质有关的重要问题。如能证明该坑确是武丁一段时期卜辞的全部，以之研究当时历史文化的价值即大为增高。

在村中南系卜辞中，特别值得做缀合、排谱整理的，是近年大家讨论很多的历组卜骨。如所周知，这种内容十分丰富的卜辞多见于《库方》与《金璋》（《英藏》）、《甲编》（三次）、《宁沪》（清华）、《明后》（《明续》）、《怀特》、《京都》等著录，前几年出版的《小屯南地甲骨》所收尤多，其年代集中于武丁晚世到祖庚。只要着手，重要成果不难取得。

第四，礼制的研究。

---

1 刘梦溪主编：《中国现代学术经典·董作宾卷》，河北教育出版社，1996年，第291页。
2 陈梦家著：《殷虚卜辞综述》，中华书局，1988年，图版拾玖。

甲骨文所反映礼制的分析研究，长期以来未能得到足够重视[1]。其实《周礼》设有《大卜》专章，占卜原系古代礼制的组成部分，占卜的内涵也无不属于当时礼制。我国夏、商、周三代，礼制一脉相承，对于其间沿革的关系，孔子曾进行讨论，叹息因为文献不足，"殷礼"已不足征。甲骨的出现，使佚亡无存的殷礼有了大量的材料依据，无怪乎罗振玉收藏甲骨，就自号为"殷礼在斯堂"了。

由礼制角度研究，可以为解读甲骨提供新的启示。近期的殷墟甲骨分期研究，指出当时卜法存在两个系统，卜官亦有左右之别。这使人联想到上述《周礼·大卜》所云"大卜掌三兆之法，一曰玉兆，二曰瓦兆，三曰原兆"，被认为是夏、商、周三代卜法，故商代应有两种卜法并存。殷墟也有商末周人卜法的实例，如1950年四盘磨出土的卜骨、1980年清理出的卜甲[2]，足证所谓"三兆之法"并非全属子虚。

商周礼制的同异，自王国维撰《殷周制度论》以来，已成为古代研究中的一大问题。1984年，在安阳召开"全国商史讨论会"，我曾提交论文，以殷墟所出二祀邲其卣铭文与1948年洛阳所出周初的保尊、卣铭文对比，说明两者均记殷见之礼，彼此类同，可见商周礼制实际是因多于革[3]。这个看法对不对，当然需要更多的研究予以证实。

1　李学勤：《序〈甲骨学通论〉》，载王宇信著《甲骨学通论》，中国社会科学出版社，1989年，第6—8页。
2　李学勤著：《周易经传溯源》，长春出版社，1992年，第148—151页。
3　李学勤：《邲其三卣与有关问题》，载胡厚宣主编《全国商史学术讨论会论文集》，殷都学刊编辑部，1985年。

第五，地理的研究。

甲骨文含有许多历史地理方面的材料，久为学者所注意。早在1915年，《雪堂丛刻》所收王国维《殷虚卜辞中所见地名考》，已为甲骨地理研究开其先河。然而多年以来，有关研究进展不是很大，揆其原因，恐怕主要是受到一些传统观念的拘束。

由于风行的疑古思潮的影响，以及当时刚在发轫的考古工作范围的限制，早期学者大都以为卜辞所及地理仅处于以河南北部为中心的一个相当小的圈子内。这种成见，已经被近年广泛开展的田野考古工作从根本上打破了。许多事实证明，商文化和直接受商文化影响的遗存，其分布的地域，远远超过以往所能想象。因此，我们探讨卜辞地理，必须将眼界大为拓宽。1939年曾毅公先生有《甲骨地名通检》，1958年日本岛邦男有《甲骨卜辞地名通检》。到1994年，饶宗颐先生主编的《甲骨文通检》第二册《地名》问世，所收地名已达1 027个[1]，这样繁多的地名，也绝非狭小的区域所能容纳。

举一个我谈过的实例[2]，宾组卜辞征伐虎方，涉及的地名有与（在举水）、曾等等。对照周昭王南征虎方时青铜器铭文地名，如夔（湖北秭归）、曾（随州）、炎（庸，竹山西南）、方（竹山东南）、邓（襄樊北）、鄂（鄂城）、汉（汉水）、唐（随州西北）、厉（随州北）、寊（四川东部）、相（湘，湖南湘水流

---

[1] 饶宗颐：《〈甲骨文地名通检〉前言》，载《甲骨文通检》（第二册），香港中文大学出版社，1994年，第7页。
[2] 李学勤：《新出青铜器研究》，文物出版社，1990年，第14—15页。参看拙文《静方鼎考释》，载《第三届国际中国古文字学研讨会论文集》，香港中文大学中国文化研究所、中国语言及文学系，1997年，第223—230页。

域),知道所说虎方确可能是指崇拜白虎的巴人。

商末黄组卜辞《殷虚书契后编》(上)10.16记伐"嘗伯"(图5-4)。"嘗"这一族氏的青铜尊,近年在汉阳纱帽山出土,读者可看《中国美术全集·青铜器上》所载图版。这是商朝势力及于长江中游的又一证据。

图 5-4 《殷虚书契后编》(上)10.16

拙作《走出疑古时代》有一段话,我想在这里重复一遍:"因为商代过于古远,后世地名相同或相似的又多,单纯互相比附,即使找到一串共同地名,终究是有些危险的。另外,甲骨文的地名也会有异地同名的,过去使用的联系方法颇有流弊。要真正确定甲骨文地名的方位,还有赖于寻找考古学的证据。"汉阳纱帽山的青铜尊,正是这样证实了卜辞地名的位置。

第六,非王卜辞的研究。

殷墟甲骨除大多数为王卜辞外,还有一些卜问主体不是王,从而称谓系统不以王为中心的非王卜辞,这是在20世纪50年代中提出来的。这个观点曾有学者批评反对[1],但是从后来一系列发现看,仍是可以采取的。

商代晚期生活在首都殷的,有王,也有王室成员、朝廷官吏,以及其他有身份地位的人物。他们同样会进行占卜,有条件的也会有卜人服务,其某些甲骨可能刻上卜辞,这就是非王卜辞。

非王卜辞卜问主体不是商王本人,并不意味作为其主体的人物与王没有关系。这种关系或许是相当亲密的,比方说是王的后妃、子女或近臣之类,他们所卜甲骨有时会和王的甲骨混杂在一起。YH127坑在宾组王卜辞之外,又有子组、午组等等几种非王卜辞,就表明了这样的现象。

由于非王卜辞被区别出来较晚,所以过去的研究主要集中于王卜辞方面,没有深入分析非王卜辞的性质和内容。仔细考察互不相同的各种非王卜辞,使我们能够看到当时社会的更多侧面。非王卜辞很多地方和常见的王卜辞不一样,甚至文字的写法、辞语的格式都富于变化,足以增进人们对当时文化面貌的认识。

1991年,殷墟花园庄东地H3坑出土的大批甲骨,整版的不少,是非王卜辞的又一新例。简报指出:"此坑甲骨卜辞,和过去发现的'子组''午组'卜辞及一些字体特殊的早期卜辞,说明了……不但时王,而且王室达官、地位显赫的贵族,都可

---

[1] 如李瑾著:《殷周考古论著》,河南大学出版社,1992年,第1—55页。

以独立地进行占卜活动。"[1] 这是完全正确的。

花园庄东地 H3 甲骨已有发掘的学者做了很好的介绍和研究[2]。这批卜辞中卜问主体为"子"，同 YH127 坑子组卜辞的"子"不是一人。我认为，这和商朝微子、箕子，周朝刘子、单子等"子"一样，乃是一种尊称[3]。这些卜辞所体现的，乃是王朝大臣的生活状况。

第七，西周甲骨的研究。

1940 年，学者何天行根据文献记载，曾推断周人应该有甲骨文[4]。第一片可确定的西周卜骨实物，是 1951 年在陕西邠县（今彬州）发现的[5]，没有文字。西周有字甲骨的首次出土，是 1954 年在山西洪洞坊堆村。此后，在陕西的长安、扶风、岐山，北京的昌平、房山，河北的邢台等若干地点，先后发现有西周甲骨文，于是西周甲骨的研究，构成了甲骨学的新分支。

最重要的一批西周卜甲，出于岐山凤雏一处房屋基址两个灰坑。人们艳称的周原甲骨，主要是指这批卜甲而言。卜甲内有几片早到周文王时，可能系占文王受封西伯之事，其重要可想而知。不过这批材料虽有几套照片、摹本行世，有些因文字过于微小浅细，不够清晰。最近已摄有新的放大照片，并经再

---

[1] 中国社会科学院考古研究所安阳工作队：《1991 年安阳花园庄东地、南地发掘简报》，《考古》1993 年第 6 期。
[2] 刘一曼：《殷墟花园庄东地甲骨坑的发现及主要收获》，载《甲骨文发现一百周年学术研讨会论文集》，文史哲出版社，1998 年，第 203—220 页。
[3] 李学勤：《花园庄东地卜辞的"子"》，载河南博物院编《河南博物院落成暨河南省博物馆建馆 70 周年纪念论文集》，中州古籍出版社，1998 年，第 123—125 页。
[4] 何天行：《甲骨文已现于古代说》《陕西曾发现甲骨文之推测》，《学术》1940 年第 1 期。
[5] 陈梦家：《解放后甲骨的新资料和整理研究》，《文物》1954 年第 5 期。

三观察勘校,已由曹玮先生编为《周原甲骨文》一书出版[1]。

西周甲骨和商的甲骨不属一个卜法系统。尽管作为甲骨占卜有不少共通之处,其间区别还是非常显著,因此西周甲骨需要单独探讨,不能简单袭用商代甲骨研究的成说。同时,西周甲骨和有关文献,如《诗》《书》《周礼》等,自然比较接近,在互相参照中,研究又有着特殊便利的条件。例如岐山凤雏卜甲和邢台南小汪卜骨均有"卟曰"字样,"卟"字见于《说文》,云"卜问也",与"贞"字训解相同[2]。此字从不见于殷墟甲骨,是周人甲骨特有的。

今天我们关于西周甲骨的知识还很有限。相信将来会有更多的这种甲骨出现,那时西周甲骨研究,一定与殷墟甲骨研究在20世纪的迅速发展一样,得到发扬光大。当前,我们应尽力对已有材料深入研讨,为未来做好准备。

原载《历史研究》1999年第5期

1　曹玮编著:《周原甲骨文》,世界图书出版公司北京公司,2002年。
2　李学勤著:《周易经传溯源》,长春出版社,1992年,第143页。

第六讲

青铜器研究与古代文明

青铜器的研究及其展望

首先我们先回顾一下青铜器研究的历史。大家知道，中国古代的青铜器，就和中国古代的玉器一样，是中国古代文化的最重要的因素，而且在全世界也是非常知名的。据我所闻，前些年，在国外开过一个国际性的学术讨论会，谈到世界上的古代青铜器，学者们一致认为中国的青铜器是最好的，因此说，中国的青铜器确实是中国古代文明值得骄傲的因素。中国青铜器什么时候开始收藏？什么时候开始著录？什么时候开始研究？学术界有些不同的看法。我们现在所说的青铜器，一般可到秦汉，在这个范围之内。实际上西汉初年，已经有了收藏青铜器的记载。史书上可看到汉武帝时就有关于收藏青铜器的记载。后来，大家知道"张敞画眉"的故事，那位张敞曾考释过铜器的铭文，因此说，张敞是我们知道名字的最早研究青铜器的人。从北宋开始有了青铜器的专门著录，就是流传至今的吕大临的《考古图》和《宣和博古图录》。《考古图》和《宣和博古图录》不仅仅包含青铜器，还有玉器、石器等等，但主要的是青铜器。因此可以说，从北宋时期就形成了一个青铜器研究的传统，这个传统可以说是中国金石学的青铜器研究传统，从北宋时已经正式形成并成熟了。《考古图》这部书是全世界体例最完美的早期图录。今天所印的书，不管怎样现代化，除了照片那时没有外，在结构上没有能够超过《考古图》的。作者吕大临,蓝田人,是二程的弟子。这个传统一直延续下来。

关于青铜器研究的新面貌和改变的标志,就是郭沫若先生的《两周金文辞大系》,1931年最初出版,后来有修订。这本书在许多方面都开创了新的局面,不只是在中国,而且是在整个国际上,对于中国青铜器研究起了一个划时期的作用,这点没有什么夸张的。《两周金文辞大系》的特点是对金文做系统的整理,同时对青铜器的器形做了开创性的研究。接着全面研究青铜器的,是容庚先生的《商周彝器通考》,1941年出版上下两册,是全面系统的研究青铜器的著作。到1949年以后,容先生和他的助手张维持又修改了《商周彝器通考》,叫《殷周青铜器通论》,但图版少了,内容也缩小了。《通考》还值得再版。

在20世纪30年代,国际上对研究青铜器出现了另外一个局面,就是用类型学的方法对青铜器进行系统的整理,不是从金文出发,而是从青铜器的形制、纹饰等方面出发,代表这个倾向的是瑞典的高本汉。高本汉1933、1934年写了一系列著作,用西方类型学的方法对中国的青铜器进行整理。这样就形成了两个倾向:一个是中国传统的金石学在走向考古学,另一个是西方博物馆的类型学的方法在走向考古学。这两个方法在中国和外国并行发展。把这两个方法结合起来,建立一个系统的人,是40年代末50年代初的陈梦家先生。他在40年代末50年代初写了几篇青铜器的文章,都发表在《考古学报》上,即《殷代铜器》和《西周铜器断代》,可惜,后者他只发表了六篇,没能继续发表。他的遗稿还存在,中国社会科学院考古研究所曾整理，将来可能出版。陈梦家先生学贯中西，把两种方法结合起来，构成了研究青铜器的新局面。

在陈梦家之后，研究青铜器的学者，能够综合成一个大规模的，我个人看主要有两家，一个偏于金文，一个偏于器形类型学。前一个是日本白川静《金文通释》，以金文为主，扩大了《两周金文辞大系》和陈梦家的研究。另一个是日本的林巳奈夫，他的《殷周青铜器综览》共三卷，这部书规模非常大，把考古和传世的材料综合起来构成一个大的体系。两家的著作都是比较成功的，不过白川静的著作偏于金文，林巳奈夫的著作偏于形制、纹饰的研究。也可以说，中国青铜器的研究可分成两大阶段，传统的是一个阶段，从郭老的《两周金文辞大系》以后又算一个阶段。

今天青铜器的研究应该有一个新的局面，标志是完全应以考古学为基础，这是我们必须做到的。因为到陈梦家先生止，也就是 20 世纪 50 年代，那时考古发掘的青铜器材料很有限，不能做到以考古的材料作为整个青铜器研究的基础。今天经过 50 年左右的发展，考古发掘的材料，虽然在某些方面还不如传世的，但是基础已初步形成，完全可以以考古材料为基础，整个地把青铜器研究重新建立起来。我说这话，不是轻视、低估传世青铜器，而且特别应该指出，在青铜器的某些段落里，发掘品仍然是不够用的。例如商代，不要以为殷墟发掘从 1928 年至今，已经进行了几十年，发掘品不少了，可是还不能全部代替传世的商代青铜器的研究，因为传世的很多青铜器在发掘品里根本没有出现过。我们到各地去，特别是到外国去，看到有些有高度美术价值的传世青铜器，在发掘品中没有，因此还必须以传世品作为补充，可是在研究的基础上应该是考古学。

以考古学为基础研究青铜器，应采取怎样的方法和途径呢？首先的一点，不能只以研究金文作为研究青铜器的主体，要从多方面、多方位、多角度去研究，至少应从形制、纹饰、铭文、功能（组合）、工艺五个方面进行。任何一件青铜器，除铭文外其余几方面都具备，所以从这五个方面来研究，青铜器研究的局面就为之一新了。

怎样去研究？首先在研究青铜器的形制和纹饰方面要继续强调考古学的类型学方法。现在考古学的基本方法是两条：一条是类型学，一条是层位学。首先对形制和纹饰进行类型学的排队整理。队是不能不排的，今天对青铜器仍要进行谱系排队，这是很必要的。这个工作到今天为止，做得还是很差的，没有一个总的青铜器谱系表，应该有这样的书。某一个地区的青铜器、某一个时代的青铜器，要把它分成若干期，每一期的器形、纹饰又怎样发展演变。以前在陶器方面做的多，在青铜器方面做的少，这方面很值得发展，纹饰方面尤其重要。

功能和组合的研究现在也是很差的，许多青铜器看到后不知道干什么使或者非常模糊。你看到它是一个容器，或进一步说是酒器，就认为研究完了，这不行。其实它不一定是酒器，如前不久在山东烟台出土一个壶，看是酒器，铭文说是给小臣去汲水的。可见光从外貌来看不行。器物的组合能说明功能，如一盘一匜的组合是洗头的。种种问题，有的还需要从实验考古学的角度，根据它的出土位置、组合情况来加以研究。青铜器的组合每每和其他器物结合到一起，如二里岗时期的郑州铭功路墓里出土一套酒器，其中有一件尊是原始瓷器，配在青铜器组合里。这样的情况其他墓中也有，所以还要根据出土时的现象，对它的功能进行研究。

以上前四项在传统的青铜器研究中都有，《考古图》这本最早的专著里也有。只有工艺研究，古人还没有做，因为当时没有现在的科学手段，不可能进行这方面的研究。

青铜器工艺的研究，在今天特别值得发展，这里有种种问题，每每它所揭露的问题是我们不了解和不知道的。大家不要以为我们对青铜器的铸造知道的很多，其实知道的很少。比如说，大家都知道中国的青铜器铸造是以合范法作为基础的，这是中国青铜器传统特点，这是我们现在的认识。可是过去研究青铜器的学者，尤其是欧美的人，看到中国青铜器那么细致，都认为一定是用失蜡法做的，后来才逐渐证明，中国精美的青铜器，基本上是使用了合范法。另外，中国的铜器用锻打的很少。外国的青铜器，比如亚述的大门，比咱们的房子还高，门上的铜部件有车马、人物、神像等装饰，完全是锤成的，就是把花纹雕在木头上，然后把铜叶子蒙在上面锤出花纹。

现在认为中国早期只有合范法，失蜡法很晚，那么中国失蜡法什么时候开始使用呢？近年随州擂鼓墩1号大墓的尊盘出土时，我正在那里，看了有半小时，才明白一定是用失蜡法，绝对不可能用合范法。后来，经过冶金学界鉴定，证明是失蜡法，而且在今天还难于仿制。编钟可以仿制，可是尊盘不能。擂鼓墩1号墓埋葬年代在公元前433年，可是尊盘表现的失蜡法技术已经发展到了高峰，那么在它之前又怎样发展演变呢？河南淅川下寺又发现了失蜡法的器物，年代在春秋中期偏晚。最近发现的楚王熊审盏，现在美国，也是用失蜡法，还是比较先进的。这样又带来一个问题：它的前身是什么？有人说是外来的，恐怕不对，不管是淅川，还是随州，都是在中国的中部，如是外来，是从什么路上传来的？周围没有更早失蜡法的制造技术，因此是一个谜，这是考古学上至今没有解决的问题。

1991年第1期《文物》上，我和一位外国学者介绍了一件兵器——三角援戈，有30厘米来长，内已缺，有一对桃形翼，中间有花纹，藏在比利时的布鲁塞尔。它上面有很好的锈，而且锈上有木痕和席痕，是不可能伪作的，因此没有问题。这个戈的特点，是在表面上有线刻花纹，过去因为大部分在锈底下，没有被发现。我们观察后大为惊奇，当时用什么工具能在这么硬的青铜上刻出那么流利的花纹来，是一个很大问题。类似这样的戈有较晚的，甚至到战国的巴蜀，所以我们介绍这件戈时倾向于是比较晚的东西。现在我要检讨了，在陕西岐山的商周之际的墓里出土了一件戈，除去刻纹外完全一样，墓里同出器物还有带铭文的，因此比利时藏的戈一定是商周之际的。那么这是用什么工具刻的？怎么可能有这样的花纹？这是科技史上的问题，值得研究。

我主张从五个方面去研究，以考古学为基础，这样可以使青铜器的研究成为中国考古学的一个独立分支。青铜器研究这个分支非常重要，希望今后有更多的发展。下面再谈几个当前正存在的问题。

青铜器的起源。关于青铜器的起源有种种说法，我想谈谈自己的看法，供大家参考。在中国考古学上从来就有一个文明起源的问题，中国文明起源究竟是土生土长的，还是受外来影响，还是外国来的，一直长期争论着。其中青铜器的起源，是一个关系重大的问题，因为青铜器的起源与我国文明起源有着不可分割的关系。近二三十年以来，在各地都发现了一些早期铜器，为研究青铜器的起源提供了新的线索。这方面研究上的一个重要问题是怎样把它放到世界考古学的背景里去，进行比较研究。不能单看中国，必须看整个世界冶金史的发展，这方面有些比较好的材料。世界冶金史的进展也是随着当代考古学的发展而变化的，因此必须用最新的书。我向大家介绍几本书：中国科学院自然科学史研究所华觉明先生等合编的《世界冶金发展史》，用了大量的考古材料；还有一本 R. F. Tylecote 的《冶金史》，这本书虽然出得比较早，可材料很详细，特点是以考古学的最新发现为基础。根据世界各地的材料我们可以知道，人类最早用的金属之一就是铜。为什么？因为铜有天然铜，很容易找到，因此在世界上不少地方，都发现用天然铜制作的小件器物，如小铜珠子、铜针、铜锥等。这种东西可以早到公元前 9000 年左右。在伊拉克的北部扎威·彻米遗址出土的天然铜装饰品属中石器时代晚期，碳 14 测定公元前 9217 ± 300 年。天然铜比较纯，比较软，它的做法是锤锻。不能单纯冷锻，必须加热退火，然后锤锻成小珠子、小针、小锥子等东西。在美洲的那些文明里面，所谓旧红铜时代，可以用天然铜做成铜矛，有卷起来的銎。中国到今天为止，还没有发现这种东西。所以我们在考古时，不能因成见而排除一些现象，这种东西将来在中国一定能发现。假如在中国的中石器或新石器时代早期的遗址中发现红铜器，是没有什么可奇怪的。

真正的金属时代，要以冶炼为标准。最早的冶炼铜发现在伊朗的雅希亚，公元前3800年左右。其他的冶炼铜大约都在公元前3500年以后。在中国发现最早的铜质器物，是陕西临潼姜寨遗址出土的半圆形铜片和小铜管，当时大家都表示怀疑，现在从各方面看应该是没有问题的。我在为《中国美术全集》的青铜器卷写的序言里，还有一句怀疑的话，现在我再次看了报告，觉得没有什么怀疑的余地。铜片据鉴定含锌高些，它一定是冶炼的，属于仰韶文化半坡类型，碳14经校正是公元前 4675 ± 150 年。由此看出，中国在冶炼铜方面可能比外国要稍早些。至于它含有较高的锌，是黄铜，这个问题不大，因为在外国的早期铜里也有黄铜。

仰韶文化算一种什么性质的文化，大家可以讨论。有些学者，包括严文明先生，都说仰韶文化的性质是要讨论的，特别是它的中晚期。最早发现仰韶文化的是瑞典安特生，当时发现之后，曾和中亚安诺文化相比较。为什么他要和安诺文化相比呢？因为当时的安诺文化刚发现不久，也是以彩陶为主的文化。安诺文化分两期，安诺Ⅰ和安诺Ⅱ，安诺Ⅱ的年代在公元前4000年左右，和半坡类型差不多。可是安诺文化是一个金石并用文化，它有很多的红铜，还有个别的青铜器，不是一个单纯的新石器时代文化，有红铜矛、红铜斧、铸范。这样看来，仰韶文化半坡类型出现个别的金属器不是不可能的。在山西榆次的一个遗址出土的仰韶文化晚期陶片，共存有铜渣，化验含铜量达到 47.5%，是炼红铜的，年代在公元前 3000 年左右。

中国最早的青铜器是 1975 年在甘肃东乡林家遗址发现的马家窑文化的铜刀，碳 14 经校正为公元前 3000 年，我在《美术全集·序》里根据当时的报告，曾说是单范法制造，后经检验知道是合范法制造。刀长 12.5 厘米，经分析，是锡青铜，这是我们知道的最早的一件青铜器。有人曾怀疑马家窑文化能否有这样的青铜器，其实不稀奇，比如在伊朗的希萨尔遗址出土的青铜针，经鉴定不晚于公元前 2900 年。实际中国青铜器的出现年代与两河流域、埃及是差不多的，两河流域在公元前 4000—前 3000 年内都是用红铜的，公元前 3000 年以后用青铜，偶尔出土刀、针，多在公元前 2800—前 2500 年之间。埃及的青铜是在公元前 2600 年第四王朝开始出现的。土耳其的阿穆克遗址发现一个坩埚，是公元前 3000 年。说明中国青铜器出现的年代和其他国家基本一样。

青铜时代什么时候开始？世界最早的青铜时代在埃及是公元前 2000 多年的中王国时期，真正开始形成青铜时代，和我们的二里头文化基本一致。二里头文化是青铜文化，没有问题。中国青铜器起源没有什么可以怀疑，没有怀疑不等于没有什么可研究的。我们的发现有个缺点，需要今后的田野考古工作去补足，就是我们的发现是零碎的，这出一点，那出一点，连不起来。就和古玉一样，这地方发现一种，那地方发现一种，看着好像有关系，就是连接不起来，说明发现还不够，研究还不够。早期铜器也一样，仰韶文化有，马家窑文化有，然后龙山文化有，山东有，河南有，然后就是二里头，可是不能把它们串成一条线。因此，关于中国早期青铜器的发展知识还非常有限。不过即使是这些有限的点，也足以告诉我们，中国青铜器的起源和发展在世界上是和其他的古代文明并驾齐驱的，没有什么逊色。

今天青铜器研究中最主要、最关键的问题，是考古学中基础的研究，就是分期和分域。所有的文物考古材料都必须进行分期和分域，从时间上、地区上划分清楚。当前青铜器最迫切需要做的工作就是这个。大家都是做文物工作的，最需要的知识就是鉴定。过去做文物鉴定，主要是凭经验，可是如果能够把分期、分域的工作做好，就比较容易掌握鉴定，因为一件东西，你一看就知道属于哪个地区的、哪个时期的。只要我们的材料够，整理工作够，就可以做到。青铜器的纹饰和形制和今天的时装一样，也是流行的，不同地区、不同时期，流行不同的款式。青铜器是一种艺术品，必然有它流行的时期和地区。当然流行有一个传播过程，古代的传播时间还要长一些。分期、分域就是考古学类型学的工作。类型学的整理不只限于形制、纹饰，也包括文字，字本身也可以分出类型来，比如商至西周，同样可以分出时期来，东周的甚至可以分出国别，看字体就可以解决。可是分期是考古学的分期，不是朝代和王世的分期，不能简单地拿朝代和王世来代替考古学的分期，这一点是非常重要的。但是，我们受到传统金石学的影响，这一点总是甩不掉，因此在带文字的东西的整理上，总是要出毛病。因为一个王一死，不等于所有的东西都要变，因此不能用这个词，如"周武王铜器",只能说是西周前期早段。而且最大的问题是商、周分不开,商末青铜器和周初青铜器,恐怕只能从地区上来分,并没有一条严格的界线,比如西周青铜器簋有方座、高扉棱等,这主要是地域性,不是时代性,因为相当于商末的青铜器,在陕西地区就是有方座的,并没有由于商纣一灭亡,整个青铜器变样了。商、周的交替可能加速了青铜器的变化,但没有明确的界线。商与周的青铜器到底怎么分?我看这个问题永远得不到答案,因为根本没有答案,它只是在各个地区延续发展。西周和东周也是如此,现在三门峡出土的几个大墓,特别是M2001、M2009,年代正在争论,我认为墓本身是东周初年的。东周和西周之间也没有明确的界线,只是发展到一定程度才有了显著差别。

希望特别强调青铜器纹饰的研究。青铜器纹饰的研究是整个青铜器研究中突出的薄弱环节,当然工艺的研究也是非常薄弱的,可是工艺的研究不是单纯凭考古文物界的力量所能进行的,同时今天我们还没有那么充分的条件和设备,可是纹饰的研究是大家都能做的。青铜器的纹饰,是青铜器分期、分域的最好标准之一,因为纹饰比铭文普遍得多,素面也是一种纹饰。纹饰就像语言一样,你只要看得懂,就能看出它是什么时期的、什么地区的。这一点我们做得太差,没有进行足够的类型学的整理,对纹饰的意义尤其没有进行深入的研究。美国的哈佛大学教授罗越,他很早便指出像二里岗出的那种青铜器早于殷墟青铜器,后来郑州、辉县的发掘证明他是正确的,他是从纹饰的排队上得出的结论。他有一个论点,认为中国的青铜器只有美观的意义,没有其他的意义,这种说法很多学者认为不能接受。纹饰有什么意义,这就要从美术史、神话学、人类学等各个方面进行综合的研究。纹饰方面有很多问题我们还没有研究,甚至根本就不了解。例如目前争论的一个问题:青铜器的饕餮纹(图6-1)到底有什么意义?饕餮纹这个词起源在北宋,已经用了一千多年了。有些学者改称兽面纹,是翻译外国的。饕餮纹仔细分析,有的像鸟,有的像龙,可是兽是四腿爬的,不是四腿爬的就不行了,所以兽面纹这一叫法还是有问题。古玉研究告诉我们,良渚玉器上有些花纹与后来的饕餮纹有关系。我曾经提出有九个共同点,主要是从美术史的角度分析它的画法。有九个共同点,就不会是偶然的,从良渚文化传播到龙山文化,然后再传到商文化。龙山文化日照两城镇的玉锛(圭)、天津艺术博物馆收藏的玉圭,上面的图案都是披发的,正好和二里头文化的花纹接起来,可以连成一条线。现在缺的环节,不在良渚,也不在夏商,而在龙山文化,因为龙山文化材料发

图 6-1 饕餮纹

掘出土的少。将来出土的多了，就可以进一步串起来，知道它的发展过程，性质也就清楚了。人们都承认，良渚文化的那种纹饰很像饕餮，一定有神秘的崇拜意义，夏、商、周三代的饕餮纹也是一样。通过这种问题的研究，可使青铜器、玉器在当时文化中的意义得到阐发。

非中原青铜器的研究。中原青铜器的系统基本清楚，可以从夏代二里头文化一直连到早商、晚商、西周、春秋、战国、秦、西汉，东汉青铜器衰落，剩下的主要就是铜镜了。整个青铜器的发展比较清楚，可是非中原的青铜器不行。由于田野工作的开展，青铜器的出土不仅在中原地区。过去说商代青铜器，大家先想到殷墟，最多不超出山东、河南、山西南部、河北南部这么个小圈。今天不行了，它的北线已到内蒙古的西拉木伦河，东北到辽宁中部偏南，南到广西。1973年我到上海，在上海博物馆看到一件残提梁卣的底，是广西出土的，两猪相背，非常好，后来在武鸣、兴安也各出土了一件卣。东边到山东海阳，西边到甘肃。商代青铜文化的传播范围非常大，而且非中原地区发现的青铜器，有些还不逊于中原殷墟，如长江以南发现的典型的大铙，最大的是在湖南宁乡出土的，在长沙市博物馆陈列，从铸造技术来看，完全可以比上后母戊大方鼎，而这样大的乐器是长江以北不存在的。这种大铙分布在湖南、江西、安徽、江苏、浙江，一直到福建北部，是一个极其重要的标志，说明长江以南的青铜文化是不低于中原地区的。同样，在陕西和山西之间出土的青铜器，比殷墟的也不差。前些年在故宫展出的延安地区青铜器，有充分的地方特点。

近年最大的发现,莫过于江西新干商代大墓、四川广汉三星堆发现的器物坑。这两处发现我都看了,是商代的,新干属于殷墟早期,是吴城二期的东西。为什么在那么远的地方,有那么高度的青铜文化呢?传统观念认为那里是蛮夷之地。西周时期,这些非中原地区确实比较差。不知为什么,西周在某些方面确实比不上商代,各地遗址都是商代超过西周,西周时的文化有个中衰的问题。商代晚期文化达到青铜器的第一个高峰,第二个高峰是春秋晚期到战国。商代无论从美术上、工艺上,都是相当高的。

青铜器是否有一个传播过程?边远地区的青铜器与中原地区的一样,显然是受中原地区影响的,那么中间的传播过程要多长?会不会非中原的东西要比中原的东西晚一个时代?具体问题要具体分析。争论较大的是安徽屯溪墓葬,发掘时年代定西周,1965年又挖几座墓,还是定西周,现在有学者认为是东周,需要讨论了。我认为解决这些问题的基本方法还在于考古学,如屯溪、新干、广汉都有地层,都有碳14测定,特别是有陶器,可以作为判定年代的根据。新干出土了大量吴城二期陶器。青铜器可以流传,而陶器不可能长期流传。另外,不要认为所有青铜器的起源都在中原。很多种青铜器在非中原地区开始出现,影响了中原文化,所以中原与非中原地区是双向交流,不能只看成单向的。

中国青铜文化的对外传播。在中国范围之内的各种青铜文化,由于多年的民族融合和交流,已经形成了一个大的传统,影响的范围成为一个"场",这个"场"很大。中国青铜器有着独立的发展传统，这点是确定不移的，可是中国的青铜器对外有无影响，外国的青铜器对中国有无影响，还需要探究。有几个新的提法，将来要起很大的影响。由于最近的发掘，使我们知道，所谓斯基泰式或者叫鄂尔多斯式，北方草原民族的青铜文化，最早的起源可能是在中国。北方民族文化是以动态的动物纹饰为标志的一种青铜文化，过去有好多大家，例如英国、德国和俄国的一些学者，做了很好的研究工作。搞青铜器的常常说的所谓"西番牌"，就是这类文化的代表。在中国出土的就是长方形的动物图案的饰牌，还有一些特殊形制的短剑、削等。在欧亚大陆还有一大块地区出类似文物，有的性质还不太清楚。俄国彼得大帝的藏品中就有重要的动物形态纹饰的东西。这些是北方民族的文化，但究竟属于哪种民族，说法不一，因为无文字很难落实。它是横跨欧亚北方草原的大文化圈，这个文化圈的起源在哪里？现在找到中国。如果有兴趣的话，可以看田广金、郭素新两位学者写的关于朱开沟文化的报告和论文，还有《鄂尔多斯青铜器》一书。现在证明年代最早的在中国境内，而且越早的越靠近中国中原，追到了山西、陕西之间，甚至山西南部。朱开沟文化，就是在陕北到内蒙古西南部一直到山西北部。在此范围之内形成的文化，我个人是不赞成叫鬼方的，鬼方在更西，应该在青海一带。找到北方草原文化的根源，这个影响很大，对于整个那个时代的欧亚民族的迁徙的研究有很大的意义。

中国青铜器向外的传播，常常要用铜镜作为标志。香港饶宗颐先生提到"铜镜之路"，他认为也许和丝绸之路一样重要。

中国铜镜在中国周边几乎全有，对外影响很大。中国的铜镜与世界其他的铜镜完全不是一个系统。世界最早的镜子出现在安纳托利亚，在远古的女巫师墓里面出土有镜子，是用黑燧石磨成的，很亮。外国镜子共同点是全有柄。而中国有柄镜子是宋代才出现的。我在为程长新先生著的《铜镜鉴赏》写的序言里提到，曾在一外国私人藏品中见到一面汉代有柄镜，是昭明镜，以前没见过，后来证明是金仿。中国的铜镜从一开始就是圆的，有钮，可穿带，可架架子，有它自己的传统。

在日本出土的西汉镜，最早的没有超过西汉中期的。有一面残镜，出土在日本九州的三云南小路，有些像是战国的，实际还是西汉中期的，是罕见的一种四乳雷纹镜。日本的樋口隆康教授也认为是西汉中期的。日本出土的中国铜镜没有能够超过西汉中期的，反映了日本与中国交往的情况。西汉中期开始就多了，什么草叶纹镜、昭明镜，各种各样大量出现，到新莽以后就更多了，说明中国与日本的交通频繁了。最早的都出在日本的九州西北部，以福冈为中心这一块，一直到本州的南部，最北不超过大阪一线。到今天为止，在国内还没有人充分介绍过日本出土的中国铜镜。

俄国境内出土的中国铜镜也很多，发现很早。在17世纪末到18世纪初，荷兰人威岑写了一部著作，荷兰文的，名叫《东北鞑靼》，出版于1692年，在荷兰的阿姆斯特丹。这书罕见，现在全世界只有两本。在第三卷谈到一个故事：离西伯利亚维尔加吐利亚不远的山底下发现了一个木结构的洞穴，有尸体遗迹，还有人头鸟身的小型金像，还有一面金属镜，实际上是一座墓葬。镜子是连弧纹的清白镜，有中国铭文，无疑是传去的。另外还有一个故事，瑞典人塔勃特在1722年写了一部书，叫《欧亚东北部》，1730年在斯德哥尔摩出版，书中有一张画。他说是一个金属圆板，上面有中国字，在西伯利亚的塔伯尔河附近墓葬出土，他说出土有几百件，可惜只能看见一件，实际是一件西汉晚期的重圈昭明镜。在俄国境内出土最早的是战国镜，包括四山镜，特别是在米努辛斯克盆地一带很多。

除此之外很重要的是阿富汗北部的席巴尔甘，阿富汗和苏联考古队联合发掘多年，叫"黄金之丘"。其中1978年发掘的二号墓，墓主人是贵霜妇女，约40岁，出土时躺在木棺内，身上盖的衾装饰有金圆片，两臂有臂圈，手指上有指环，上有玺印，指环上的像是希腊雅典娜的像，受希腊人的影响，胸上放一面西汉晚期的连弧纹镜，有铭文，极罕见，与其相同的镜只在《宁寿鉴古》里能找到一面。贵霜妇女的墓代表了几方文化的交会点，是很有趣的。所以中国铜镜的研究是一个重要的课题，对于研究中国文化的传播有着极其重要的意义，希望今后继续开展。

原载《天津市历史博物馆馆刊》1994年第4期

中国青铜器的两个高峰

青铜器艺术是中国古代辉煌绚丽的艺术传统中一个十分重要的部分。中国青铜器有其自己的起源与发展历程,形成了和其他文明迥然不同的艺术风格及技术特点。这种青铜器艺术,产生早,历史长,制作精美,品类繁多,每一件青铜器杰作都兼有艺术价值与研究意义,受到世人的珍爱和重视。

中国青铜器的发展历史,大致可分为八个阶段:

(1)早期铜器;

(2)二里头文化青铜器;

(3)商代青铜器(分前、后期);

(4)西周青铜器(分早、中、晚期);

(5)春秋青铜器(分早、中、晚期);

(6)战国青铜器(分早、中、晚期);

(7)秦至汉初青铜器;

(8)晚期青铜器。

各个阶段均有独特的创造,但就整个发展过程而言,中国的青铜器有着两个艺术成就的高峰:第一个高峰在商代后期(公元前13—前11世纪),第二个高峰在春秋晚期至战国晚期(公元前6—前3世纪)。由这两个高峰时期,产生了大量卓越精绝的艺术品,值得我们永远品赏和赞叹。

中国古代在什么时候开始有铜器出现,现在还是一个有待进一步探索的问题。在 20 世纪后半，陆续在不少地区发现了早期铜器，有的是红铜，有的是黄铜或青铜。和其他古代文明的早期铜器一样，这些铜器大都很小，如刀、锥等小型工具，或环、牌、坠之类装饰品。1973 年在陕西临潼姜寨仰韶文化遗址一处房屋居住面上，找到一件半圆形黄铜片，该房屋有关碳 14 年代经校正为公元前 4700 年。这是已知中国最早的铜制品。

1975 年，甘肃东乡林家马家窑文化遗址出土一件青铜刀，地层的碳 14 年代经校正约公元前 3000 年。这件小刀是用合范铸成的，是已知中国最早的青铜器物。

在晚于仰韶文化、马家窑文化的龙山时代诸文化遗存中，先后有许多早期铜器发现，不过这些发现仍是零星分散的，目前尚难连成较完整的演变脉络。到了公元前 20 世纪的二里头文化，青铜器已经趋向于成熟了。

二里头文化以河南偃师二里头遗址为代表，文化分布以豫北晋南作为中心，年代下限可及公元前 16 世纪，与文献记载的夏代在时间、地域上相当，所以不少中国学者认为二里头文化是夏文化。

二里头文化的青铜器，在工具、装饰品之外，已经有了容器，如爵、角、鼎等，又有较大的兵器，如戈、戚等。容器都是用合范法铸造的，器胎很薄，形制相当复杂。在器物上亦出现了三角纹、弦纹等纹饰。此外还有引人注目的镶嵌绿松石的技术，特别是一种长形的饰牌，用绿松石嵌成美观的饕餮纹。这些技术充分表明，二里头文化已经进入真正的青铜时代了。

商代前期约当公元前 16—前 14 世纪，考古学上为商文化的二里岗期（分下、上两层）。商代前期青铜器在很多方面直接继承着二里头文化青铜器，可是器物的品种大为增加。比如烹炊器有鼎、鬲、甗，食器有簋，酒器有斝、爵、觚、角、尊、卣、壶、罍，水器有盘、盂，兵器有戈、矛、钺、刀、镞，工具有斧、锛等等，形成了庞大的系统。商代常见的品种，这时差不多都已经存在。

这时的青铜器，器胎相对说仍旧较薄，但已有器形很巨大的器物，如高达 100 厘米的大方鼎。纹饰也比二里头文化丰富多了，流行线条圆转的饕餮纹、夔纹等，花纹一般呈带状，没有地纹。个别的商代前期青铜器，有了单字的铭文。总之，在这个阶段里，为商代后期青铜器艺术的高峰做了酝酿和准备。

商代后期约当公元前 13—前 11 世纪中叶，当时商朝已定都于殷，即今河南安阳的殷墟，故考古学上为商文化的殷墟期。这一时期的青铜器有空前的进步，我们不妨从以下五个方面来叙述——

第一，形制的多变。商代后期的青铜器，不仅在器种上较之前期又有增加，而且其同一品种每每有不同型式。有的型式只在特定时间内流行，有的型式则存在较长的时期，而在同样时期内会有不止一种型式，兼行并存。

以最常见的烹炊器鼎而言，可以分为圆鼎、分裆鼎和方鼎三种主要型式（图 6-2）。圆鼎，器体横断面为圆形，上有立耳，下有柱足。分裆鼎，也有立耳、柱足，特点在于器底和鬲近似，是分裆的，因此有的学者称之为"鬲鼎"。方鼎仍有立耳、柱足，但其器体是方的。

图 6-2　圆鼎（左）、分裆鼎（中）、方鼎（右）

分裆即底部分成三个部分。有一些鬲形近于鼎，也有学者称之为"鬲鼎"，不过其足部是空的，与一般的鼎不同。这种现象表明，商代后期青铜器品种复杂，而且形制变异，有时会给鉴别研究带来各种疑难。

第二，纹饰的繁丽。商代后期青铜器，在装饰上盛行繁缛富丽的作风，与前期的简易素朴有很大不同。这时的花纹多为通体满花，即在器皿的表面上布满花纹，同时又多以雷纹作为地纹，使图案更加细腻。

花纹的母题也多样化了。最常见的是饕餮纹（兽面纹）、夔纹（图 6-3）、鸟纹（图 6-4）、蝉纹（图 6-5）、蚕纹等等，表

图 6-3　夔纹

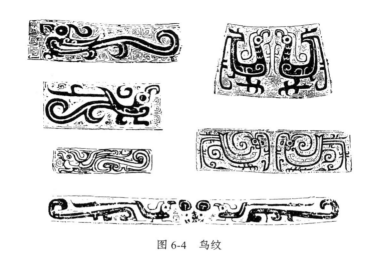

图 6-4　鸟纹

图 6-5　蝉纹

现不同形态龙蛇的也很普遍。有时整个器物或其一部分为立体的禽兽形，有时在器体上再附加小型的奇禽异兽。不管是怎样的情形，纹饰所体现的一般不是自然的动物，而是赋有神秘色彩的鸟兽形象，或其躯体的一项组成因素，如鳞或羽毛之类。植物的形状，如花朵，以及几何形的图案，只是在很少的例子中出现。

这一时期的花纹千变万化，有的花纹独特奇异，实际是当时艺术家富于想象的创造。即使是最常见的饕餮纹，也有许多变异。

第三，铭文的增多。商代后期青铜器，很多具有铭文。铭文绝大多数是铸成的，只有极个别例子是用锋利的工具刻出的。铭文的内容多为器主的族氏和人名，有的记出用该器物祭祀的先人名号。在商代后期较晚的时候，青铜器的铭文出现加长的趋势，最长的接近50个字。

第四，工艺的改进。商代后期青铜器，器胎一般厚重，而且在精巧的范铸技术基础上，充分利用分铸法，制造出许多极为细致复杂的器物。例如著名的四羊尊，羊首有螺旋形的大角；中柱旋龙盂，盂底中央竖立一枝花朵，有一龙蟠绕，龙身可以拨动旋转。这时还铸造出器形非常庞伟的青铜器。殷墟出土的后母戊大方鼎，高达133厘米，重有875千克，是迄今发现的最大的单件青铜器。

在装饰工艺方面，商代后期青铜器广泛使用了镶嵌绿松石的技术，在兵器、车马器上尤为流行。另外，还有嵌玉，例如嵌玉援的戈、嵌玉叶的矛；有嵌陨铁，例如嵌铁刃的钺。在流散器物中，尚有嵌红铜、嵌黄金的例子。

第五，出土地的扩展。商代后期青铜器，出土地点的范围比前期有很大程度的展延。大概说来，北到内蒙古，东到山东，南到广西，西到陕甘，都有这一时期的器物发现。

这一时期青铜器有明显的地方性。在中原地区以外，集中出土商代后期青铜器的，有晋陕交界地区、湖南湖北地区、成都平原地区等，其器物各有自己的特色。

西周早期的青铜器，在很多方面继续着商代后期器物的作风。这是由于周人在商代接受了商文化的强烈影响，伐纣以后于殷商旧地更沿袭着那里的传统。不过因为周朝政治中心转移，陕西的周原（扶风、岐山交界）与宗周（长安）、河南的成周（洛阳）成为出土西周青铜器最多的所在。

总的说来，西周的青铜器趋向于朴质化。这种倾向，在西周中期以后更为明显，器物的装饰变得简单，富于神秘意味的花纹逐渐为规范的图案所取代，同时带状的花纹又流行起来。这些变化反映了当时文化思想的改变。周初鉴于商人酗酒而规定的酒禁，使不少酒器归于消灭。尽管在西周新出现了编钟、簠、盨等器种，就形制、纹饰而言，这一时期青铜器究竟不如商代那样多变了。

西周青铜器的突出特点，是铭文的加多加长，所谓"周人尚文"应即指此。周初的铭文，已经有百字以上的，西周晚期的毛公鼎，铭文竟长达497字。这类铭文，内容异常丰富重要。

公元前771年，西周在戎人攻击下覆亡，次年平王即位，东迁到成周，王朝从此不振，国家渐趋分裂。这影响到青铜器艺术，出现了大量列国的作品。值得注意的是，在春秋早期，青铜器大体上是西周传统的延续。其形制、纹饰，以及铭文的格式，仍与西周晚期的相似，没有根本变化。

青铜器风格的新变化，肇始于春秋中期。蟠螭纹（图6-6）的产生和普及，可以作为这次变化的标志。蟠螭纹仍是由龙蛇之类神话动物构成的，但它只是反复出现的图案，和商、西周的纹饰有很大区别。青铜器形制的改换也很显著，以往那种森

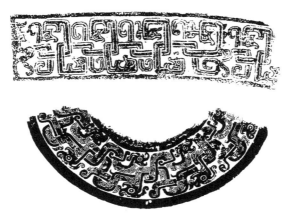

图 6-6　蟠螭纹

严凝重的气象,逐渐代以清新秀丽的风格。青铜器艺术发展的第二高峰,于是趋于形成。

青铜器发展第二个高峰的出现,和一系列新技术的实施是密不可分的。春秋中期,嵌红铜的花纹开始盛行,包括器两面可见的透嵌。随后,错金银的纹饰及铭文涌现,给器物带来绚丽的色彩。春秋战国之际,因为有了更锋利的工具(钢铁),线刻花纹流行起来。接着,鎏金银的技艺也广泛流行,同时又有彩绘。

还特别需要提到,失蜡法铸造在春秋中期出现,而且有相当高的水准。这正好配合了青铜器第二高峰的特色,就是崇尚细致纤巧、复杂繁丽的纹饰。很多极为细腻的镂空或立雕状的纹饰,正是以失蜡法制出的。

在其发展演进的这第二个高峰中,青铜器显现了前所未有的新面貌。这种新面貌、新风格涵括了春秋晚期到战国,并在汉初有所复兴,延续近400年之久。

同一时期,边远地区文化的青铜器艺术也有突出进展,尤其是在四川的巴蜀文化和在云南的滇文化,各有独特的艺术传统与特点。

在第二高峰期后,中国青铜器随着用途的扩大普及,转而走上日常化的道路。这一趋向事实上在战国晚期已露端倪,到西汉中期得到充分表现。器物的形制基本上规范化,大都缺少变异,最常见的是没有花纹的素面器,铭文也只剩简单的格式。东汉以后,青铜器在很大范围内被其他器种(如瓷器、铁器)所取代。

青铜器艺术的生命,在铜镜这一品种中持续最为久远。中国铜镜一开始就在镜背中心设钮,形成自己的传统,这已可上溯到史前的齐家文化。经过商、西周,铜镜在上述青铜器艺术的第二高峰期达到极盛,汉镜更成为著名的文物珍品。此后,隋唐镜因导入新的技术(如嵌螺钿、套银壳等),展现了新的光辉。中国铜镜的生产和使用,一直绵延到现代。

原载《中国青铜器萃赏》,
新加坡亚洲文明博物馆,2000年

第七讲

简帛学与古代文明

简帛书籍的发现及其影响

当世纪交替之际,近期我们看到不少学者在论作中引述王国维先生的名文《最近二三十年中中国新发现之学问》[1]。这篇文章,是王国维1925年到清华研究院任教,暑假应学生会邀请作的讲演,原发表于《清华周刊》上。[2] 他指出,中国"古来新学问大都由于新发现",而在19世纪末到20世纪初有四项"最大发现",就是"殷虚甲骨文字、敦煌塞上及西域各处之汉晋木简、敦煌千佛洞之六朝及唐人写本书卷、内阁大库之元明以来书籍档册"。这四项发现,后来果然都形成了专门学问,为海内外学术界共同研究,各有其重大影响。无怪乎现在回顾20世纪的学术史,大家都要谈到王国维的远见卓识了。

王文说到的"敦煌塞上及西域各处之汉晋木简",随后又屡有出土,并且在其他地方也有许多简牍及帛书发现,其性质、内容和年代等方面,范围均比王国维所见扩大了许多。对各种简帛的研究,日臻兴盛,所形成的学问便是简帛学。

古人说"书于竹帛"[3],竹木质的简与丝质的帛,是古代中国人书写所用的主要材料,直到六朝时期,才逐渐为纸所代替。因此,"简帛"长期被作为书的同义语,源自简帛的若干词

---

[1] 王国维:《静庵文集续编》,载《王国维遗书》(第五册),上海古籍书店,1983年,第65—69页。
[2] 孙敦恒编:《王国维年谱新编》,中国文史出版社,1991年,第143—144页。
[3] 《墨子·兼爱下》《墨子·天志中》。

语,如"编""册""篇""卷"等,甚至沿用至今。可以想象,古代的简帛,数量应该是非常多的,不过其质料容易损毁,埋藏地下更难保存。尽管是这样,简帛仍是出土文物的一大门类。

迄今已发现的简帛,按照它们的内容性质,主要可以划分为书籍和文书两类。

书籍,指的是狭义的书,依《汉书·艺文志》的分类,有六艺(经)、诸子、诗赋、兵书、数术、方技等。《汉志》未收的,如法律,遵照后来的目录传统,也可以列入。

文书,包括当时朝廷及地方的文件、簿籍、档案。边远地区所出与屯戍、津关、驿传等关联的材料,尤有特色。一些私家的簿籍,亦得附属于此。

在这两类以外,还有日常生活使用的书札、历谱,有关丧葬的祭祷记录、遗嘱、遣策等等,虽然零碎,仍各有特殊价值。

占简帛主要部分的书籍和文书,两者性质不同,研究的方法途径有其明显区别,经过好多学者努力,看来已经各自成为独立的学科分支。这里想专就简帛书籍发现和研究,进行简要的论述。

前面讲到的殷墟甲骨、敦煌卷子,都是在上一个世纪之交首次发现的,简帛书籍的发现则并不自近代始,其历史实际可以上溯到西汉早年。

秦始皇三十四年(前213),发生了众所周知的焚书事件。在丞相李斯的建议下,命令"史官非《秦记》,皆烧之。非博士官所职,天下敢有藏《诗》《书》百家语者,悉诣守、尉杂烧之。有敢偶语《诗》《书》者,弃市。以古非今者,族。吏见知不举者，与同罪。令下三十日不烧，黥为城旦。所不去者，医药、卜筮、种树之书。若欲有学法令，以吏为师。"所制定的律文，即《挟书律》[1]。汉因秦律，在一段时间内，《挟书律》仍然施行。看秦至汉初墓葬出土的简帛书籍，范围均限于法令、医药、卜筮之类，可知《挟书律》的威压是相当有效的。

《挟书律》的解除，是在汉惠帝四年（前191），该年"三月甲子，皇帝冠，赦天下。省法令妨吏民者，除《挟书律》"[2]，人们才重新获得收藏阅读书籍的自由。《挟书律》的执行，虽然仅有20多年，但给学术文化造成的损失，是无法估量的。为了继续和发展先秦已经辉煌繁盛的学术传统，汉人在收集、整理前代遗留的书籍方面，做了大量的工作。许多简帛书籍，就是在这样的历史背景中重见于世，并且得到重视的。

那时出现的曾遭禁绝的书籍，大都是学者在法令威迫下隐藏起来的。例如《史记·儒林传》载："伏生者，济南人也，故为秦博士……秦时焚书，伏生壁藏之。其后兵大起，流亡。汉定，伏生求其书，亡数十篇，独得二十九篇，即以教于齐鲁之间。"他所传的是《尚书》。类似的例子如《经典释文·序录》云，《孝经》在秦火时"亦遭焚烬，河间人颜芝为秦禁，藏之。汉氏尊学，芝子贞出之"。

伏生的《尚书》、颜芝父子的《孝经》，皆为焚书以前的旧籍，肯定是以六国古文书写的。这些书重新出现之后，当时像

---

1 《史记·秦始皇本纪》。参看李学勤：《从出土简帛谈到〈挟书律〉》，载黄留珠主编《周秦汉唐研究》（第一册），三秦出版社，1998年，第1—7页。
2 《汉书·惠帝纪》。

伏生这样辈分的人仍能读六国古文，在其教学之中传抄，便改用秦统一文字后的字体，于是他们的本子被称为今文，原来的古文不再传流于世。

《左传》的情形有所不同。张苍从荀子处传得《左传》，汉兴，献其书于朝廷。所以《左传》的古文本在中秘保存下来[1]，《左传》也就称为古文经了。

焚书时壁藏的书籍，有的很长时间没有被取出。最著名的事例，是汉景帝末年发现的孔壁中经[2]。据《史记》《汉书》记载，鲁恭王好治宫室，坏孔子旧宅，于其壁中得古文《尚书》《礼记》《论语》《孝经》，凡数十篇。孔子后裔孔安国将书上献武帝，适遭巫蛊事件，朝廷将这批书退还给孔安国，其学于是在孔家流传。

景帝时，还有河间献王好书，所得都是古文先秦旧书，如《周礼》《尚书》《礼》《礼记》《孟子》《老子》等[3]。

此后，古文书籍有不少零星发现，史不绝书。最重要的是西晋武帝咸宁五年（279）发现的汲冢竹书[4]。这是从卫辉一座战国晚期魏墓里出土的，经束皙、荀勖、傅瓒等整理，有书75篇，另"七篇简书折坏，不识名题"。他们整理的成果，《穆天子传》（包括《周穆王美人盛姬死事》）传世至今，《纪年》《师春》《琐语》有部分佚文留传。

从现在我们整理研究先秦简帛书籍的经验感受来看，汉晋

1　参看吴承仕著：《经典释文序录疏证》，秦青点校，中华书局，1984年，第122页。
2　年代依刘汝霖著：《汉晋学术编年》，中华书局，1987年，第82页。
3　同上书，第70页。
4　年代依朱希祖著：《汲冢书考》，中华书局，1960年。

学者所做的工作是非常值得尊敬的。孔安国的时代，距秦统一文字已久，六国古文早被罢弃，能直接读古文的人也已没有了。孔安国研究孔壁《尚书》，"以所闻伏生之书，考论文义，定其可知者，为隶古定，更以竹简写之"[1]。这种按古文形体结构，转写成隶书的方法，后来通称隶定，是每个研究古文字的人必须使用的。荀勖等整理《穆天子传》，先缮写古文，继列释文，缺字用方框（□）表示，也为古文字研究者共同遵循。

古文书籍的发现，为当时学术界带来新的风气。孔壁中经及河间献王所得《周礼》等，与已立于学官的今文经多有不合，酿成今、古文之争，结果是古文胜了今文。对古文本身的研究也成为传统。王莽时规定文字有"六书"，第一是"古文"，即"孔子壁中书"；第二是"奇字"，为"古文而异者"。东汉初许慎《说文解字》，也收有"古文""奇字"。曹魏正始年间，刻了三体石经《尚书》《左传》（传文仅刻出一部分），三体为古文和篆、隶。古文书籍影响的巨大，于此可见。

文字方面的古文之学，一直下传到宋代。北宋初，郭忠恕著《汗简》，系按《说文》部首编的古文字典。他用"汗简"作为标题，正因为古文源于历次发现的先秦简书。不久，夏竦对《汗简》补充扩大，又依韵部编出了《古文四声韵》。这两部书，如今已成为大家研究六国文字的重要依据。

王国维所说"敦煌塞上及西域各处之汉晋木简"的发现，是从清光绪二十五年（1899）在新疆塔里木河出土百余支晋代

---

[1]《尚书正义》孔颖达《尚书序》。

木简开始的[1]。在这一类简中，也有少数零星的书籍，但都属于小学字书或者方技小术，学术价值不大，因而没有获得学者们的重视。

1942年，在湖南长沙子弹库一座楚墓中发现帛书。1944年，蔡季襄《晚周缯书考证》出版后，讯息迅速遍传于学术界。这可以说是近年简帛书籍出土的真正开端。1949年以来，随着各地田野考古工作的进展，简帛书籍的发现越来越多，在内涵与数量上，均足与历史上的孔壁、汲冢相比美。我们不妨按照新发现简帛书籍的时代，将之分为下列四组：

（一）战国时期的简帛书籍

已见这一时期的简帛书籍，皆出自楚墓。发现最早的，便是上面说到的长沙子弹库楚帛书。出帛书的墓的年代，在战国中晚期之间。

子弹库这次发现的帛书，过去多以为只有完整的一件，有900余字，近来才了解至少还有三四件有残片留存[2]。这批帛书都是阴阳数术的作品，墓主可能是这方面的学者，年世约略与楚国著名的数术家唐昧相当。

最早发现的楚国简书，是1957年河南信阳长台关1号墓前室所出的一篇。可惜这批简出土时已残断了，虽经整理缀合，只能读释出若干语句。书的性质，多年来被认为是儒家著作，近期始确定系《墨子》佚篇，记有"周公"（西周君）和申徒狄

---

1 舒学：《我国古代竹木简发现、出土情况》，《文物》1978年第1期。
2 李零：《楚帛书的再认识》，《中国文化》1994年第10期；又收入《李零自选集》，广西师范大学出版社，1998年，第227—262页。

的对话[1]。值得注意的是，长台关这座墓属战国中期偏早，所以书的著作年代应与墨子相距不远。

1987 年发掘的湖南慈利石板村 36 号墓[2]，年代与长台关 1 号墓相近，所出竹简字体风格也很类似。简数近千支，约有书五六种，有《逸周书》的《大武》、《国语》的《吴语》等。

更重要的发现，自然是 1993 年冬湖北荆门郭店 1 号墓出土的约 800 支竹简[3]。这座墓属战国中期偏晚，不迟于公元前 300 年。墓主曾任"东宫之师"，即楚怀王太子横后来的顷襄王的老师。竹简主要是道家、儒家著作，道家有《老子》(包括《太一生水》)；儒家有八篇，其中《缁衣》《五行》等可能即《子思子》。此外，还有《语丛》四组，杂抄百家之说[4]。

上海博物馆 1994 年从香港购回 1 200 多支战国竹简[5]。简的内容有书 80 多种，以儒家典籍为主，有些有今传本，如《周易》《缁衣》《孔子闲居》《武王践阼》，更多的是前所未见的佚书，如《诗论》。另外如耆老与彭祖问答，则是论养生的方技书。

（二）秦代的简帛书籍

1975 年末，湖北云梦睡虎地 11 号墓出土秦简 1 000 余支，

---

[1] 李学勤：《长台关竹简中的〈墨子〉佚篇》，载四川大学历史系编《徐中舒先生九十寿辰纪念文集》，巴蜀书社，1990 年，第 1—8 页。
[2] 湖南省文物考古研究所、慈利县文物保护管理研究所：《湖南慈利石板村 36 号战国墓发掘简报》，《文物》1990 年第 10 期。
[3] 荆门市博物馆编：《郭店楚墓竹简》，文物出版社，1998 年。
[4] 李学勤：《先秦儒家著作的重大发现》，载《中国哲学》编辑部、国际儒联学术委员会编《郭店楚简研究》，辽宁教育出版社，1999 年，第 13—17 页。
[5] 张立行：《1200 支竹简回"家"》，《大连日报》1999 年 7 月 19 日。

这是人们第一次发现秦简[1]。其中书籍有《编年记》《语书》《吏道》和数术性质的《日书》,而最重要的是秦律、《律说》和《封诊式》,均属法律范畴。由于秦律在传世文献中遗留极罕,这一发现震动了学术界。睡虎地11号墓葬于秦始皇三十年(前217)或稍晚一些,在兼并六国之后,但律文可能在统一之前。1989年冬,云梦龙岗6号墓又出土了一批秦律竹简[2],从文字词语的特点看,应在统一之后。

1986年,甘肃天水放马滩1号秦墓也发现有《日书》[3],甲种简73支,乙种简380支,内容同睡虎地的两种《日书》相似。

还有一批秦简,是1993年在湖北江陵王家台15号墓出土的[4]。这批《易》占性质的残简,经几位学者研究,证明是当时的《归藏》[5]。

2002年6月,在湖南龙山里耶古城址1号井出土大量秦简,总数估计竟达36 000支左右,内容为洞庭郡迁陵县的文书,目前正在整理中。详情可看《文物》2003年第1期所载简报及有关论文。

(三)西汉早期的简帛书籍

西汉早期的简帛书籍,发现较早的是1972年山东临沂银

---

1 睡虎地秦墓竹简整理小组编:《睡虎地秦墓竹简》,文物出版社,1990年。
2 刘信芳、梁柱编著:《云梦龙岗秦简》,科学出版社,1997年。
3 秦简整理小组:《天水放马滩秦简甲种〈日书〉释文》,载甘肃省文物考古研究所编《秦汉简牍论文集》,甘肃人民出版社,1989年,第1—6页。
4 荆州地区博物馆:《江陵王家台15号秦墓》,《文物》1995年第1期。
5 王明钦:《试论〈归藏〉的几个问题》,载古方、徐良高、唐际根编《一剑集》,中国妇女出版社,1996年,第101—112页。

雀山1号墓出土的大量竹简，墓的年代为汉武帝初年[1]。简多残碎，统计有7 500余号。经整理，知其内容包含《吴孙子》《齐孙子》《尉缭子》《晏子》《六韬》等等，以兵书居大多数。墓主姓司马，或许同齐地兵家传统有关。

紧接着，1973年底，湖南长沙马王堆3号墓出土了大批帛书与竹木简[2]。此墓有明确下葬时间，为汉文帝前元十二年（前168）。帛书计28件，主要为《周易》《春秋事语》《战国策》《老子》《黄帝书》《式法》《五星占》《天文气象杂占》《相马经》《五十二病方》《导引图》等，竹木简则系房中书。总的说来，以道家及数术、方技占其多数，也应反映墓主的思想倾向。

与马王堆3号墓年代接近的，是1977年发掘的安徽阜阳双古堆1号墓，墓主第二代汝阴侯，卒于文帝前元十五年（前165）。墓中所出竹简[3]，最重要的是《诗经》和《仓颉篇》[4]。

1983年末，湖北江陵张家山247号墓出土竹简1 000多支[5]，包括汉律和《奏谳书》《盖庐》《脉书》《引书》《算数书》等。墓的年代在吕后时期，所以所见汉律多沿秦律之旧。1988年，同地336号墓也出有汉律简，一部分内容与247号墓的相同，

---

1 银雀山汉墓竹简整理小组编：《银雀山汉墓竹简》（壹），文物出版社，1985年。吴九龙释：《银雀山汉简释文》，文物出版社，1985年。
2 国家文物局古文献研究室编：《马王堆汉墓帛书》（壹），文物出版社，1980年；马王堆汉墓帛书整理小组编：《马王堆汉墓帛书》（叁）（肆），文物出版社，1983、1985年。
3 文物局古文献研究室、安徽省阜阳地区博物馆阜阳汉简整理组：《阜阳汉简简介》，《文物》1983年第2期。
4 胡平生、韩自强著：《阜阳汉简诗经研究》，上海古籍出版社，1988年；文物局古文献研究室、安徽省阜阳地区博物馆阜阳汉简整理组：《阜阳汉简〈苍颉篇〉》，《文物》1983年第2期。
5 张家山汉墓竹简整理小组：《江陵张家山汉简概述》，《文物》1985年第1期。

墓的时代则是文帝初年[1]。这座墓还出有《庄子》的《盗跖篇》。

（四）西汉中晚期至东汉简帛书籍

这段时期的书籍，较早发现的有 1959 年甘肃武威磨嘴子 6 号墓的东汉竹木简 490 支，以《仪礼》九篇为主，余为《日书》之类数术书[2]。1972 年，武威旱滩坡东汉墓出土的木质简牍，内容是医方[3]。

1973 年，发掘河北定县（今定州）八角廊西汉晚期中山怀王墓，获得大批炭化竹简[4]，有《论语》[5]及《家语》《文子》《太公》等书籍，兼有儒、道两家的内涵。

青海大通上孙家寨马良墓 1978 年所出木简[6]，亦为西汉晚期，性质系兵书。

最近的发现，是 1993 年江苏东海尹湾 6 号墓出土的竹简木牍[7]。其中属于书籍的，有竹简《神乌赋》及《博局占》等。

以上所述，概括了近年出现的简帛书籍的主要内容。有关论著，可参看曹延尊、徐元邦《简牍资料论著目录》[8]，甘肃省文

1　李学勤：《论江陵张家山 247 号墓汉律竹简》，载大庭脩编辑《汉简研究的现状与展望》，关西大学出版部，1993 年，第 174—180 页。
2　中国科学院考古研究所、甘肃省博物馆编：《武威汉简》，文物出版社，1964 年。
3　甘肃省博物馆、武威县文化馆编：《武威汉代医简》，文物出版社，1975 年。
4　国家文物局古文献研究室、河北省博物馆、河北省文物研究所定县汉墓竹简整理组：《定县 40 号汉墓出土竹简简介》，《文物》1981 年第 8 期。
5　河北省文物研究所定州汉墓竹简整理小组编：《定州汉墓竹简·论语》，文物出版社，1997 年。
6　大通上孙家寨汉简整理小组：《大通上孙家寨汉简释文》，《文物》1981 年第 2 期；陈公柔、徐元邦、曹延尊、格桑本：《青海大通马良墓出土汉简的整理与研究》，载《考古》编辑部编《考古学集刊》（第五集），中国社会科学出版社，1987 年，第 293—315 页。
7　连云港市博物馆、东海县博物馆、中国社会科学院简帛研究中心、中国文物研究所编：《尹湾汉墓简牍》，中华书局，1997 年。
8　见《考古》编辑部编：《考古学集刊》（第二集），中国社会科学出版社，1982 年，第 202—230 页。

物考古研究所汉简研究室《简牍论著目录》[1]和日本门田明《中国简牍研究文献目录》[2]，在此不能缕述。

如王国维先生所论，历史上简帛书籍的大发现，像孔壁中经与汲冢竹书，曾对中国学术的发展有着重要的影响。由此不难想见，近年古代简帛书籍的大量出现，也将对有关学科起明显的影响作用。

这些年新发现的简帛书籍，性质范围非常广泛，对中国历史文化各个方面的探讨，无疑都会有所促进。我认为，一系列重大发现首先直接涉及的，是古文字学、文献学、学术史这样一些学科。

发现对古文字学的影响，最为显著易见。

先谈战国文字研究。战国文字，尤其是六国古文的研究，20世纪50年代以来逐渐成为古文字学领域的热点，成果异常突出。不过，战国文字材料十分繁碎，例如玺印、兵器之类，字数甚少，不易由文例推求。简帛文字成章，有的书籍还能与今传本对照，为考释提供了更好的条件。

由于地下保存情况较佳，现在大家看到的战国简帛书籍皆出于楚墓，这就使我们对当时的楚文字得有更多的认识。然而六国虽说"文字异形"，彼此究竟有不少共通之处，楚文字研究可成为六国古文研究的突破口。同时，古文内又蕴含着许多商周以来传袭的写法，为解读更早的文字充当了钥匙。借助郭店

---

[1] 见甘肃文物考古研究所编：《秦汉简牍论文集》，甘肃人民出版社，1989年，第314—330页。
[2] 见大庭脩编：《汉简的基础的研究》，思文阁，1999年。

简《缁衣》释出西周金文"祭公"[1]，通过同批简《唐虞之道》推定柞伯簋"贤"字[2]，都是例子。

秦至汉初简帛的文字，为汉字发展由篆变隶，即所谓隶变的过程的实物证据[3]。过去有关这一文字演变关键阶段的材料太少，致使学者无法详究，现在的情况便全然不同。

在文献学方面，简帛书籍的出现，使我们亲眼看到古代书籍的本来面目。有关那时书籍制度的种种疑难，通过实物获得解决。例如自战国至汉初，经、子诸书简帛，并不因内容性质而有质地尺寸的等级差异。再如好多书籍，因为抄写不易，材料难得，每每只是摘抄，或以篇章单行，出土的只能是整部书的一部分。若干单篇作品，常被编入不同书籍。诸如此类，对认识古书的形成过程很有价值。

了解了当时书籍的这些特点，即可避免以后世著作情况套用于古书的一些成见。20世纪30年代余嘉锡先生著《古书通例》，所论种种多可于简帛证实，可惜余先生没有亲见实物的机会。

已发现的简帛书籍，对学术史研究的影响，尤为重大。说古代学术史因之必须重写，是一点没有夸张的。

比如，马王堆帛书《周易》经传的问世，使《易》学的历史许多地方需重新考虑。双古堆竹简《诗经》的出现，关于《诗》的传流也提出了新的问题。上海博物馆竹简中的《诗论》，

---

1 李学勤：《释郭店简祭公之顾命》，《文物》1998年第7期。
2 陈剑：《柞伯簋铭补释》，《传统文化与现代化》1999年第1期。
3 赵平安著：《隶变研究》，河北大学出版社，1993年。

记孔子论《诗》，更为值得注意。

马王堆帛书《黄帝书》《老子》，使人们对所谓黄老之学有了全新的认识。郭店简《老子》、八角廊简《文子》等，也深深影响了道家的研究。

银雀山简吴、齐二《孙子》与《尉缭子》《六韬》等等，为兵家研究开辟了新境界。与此有关的，又有张家山简《盖庐》等。简帛中兵阴阳家的作品很多，均系以往未见。

《汉志》数术家书众多，但久已无存，简帛书籍里这一类书填补了这项缺憾。方技类书对中医药史的探索，极有价值，已引起医学界的普遍重视。

秦律及其他法律性质书籍，在法律史领域的影响也非常大。张家山简汉律的公布，估计会引起同样的作用。秦汉律的比较研究，是以前想不到能够进行的课题。

当前，由于郭店简在1998年出版，上海博物馆藏简也正陆续发表，竹简中儒学佚籍的研究，正在形成焦点。揭示和探讨这些书籍代表的孔、孟之间儒家的传流演变，是学术史研究中的一件大事，吸引着海内外很多学者共同努力。

可以预计，在不久的将来，各地会有更多、更重要的简帛书籍发现。我们更希望，对预计可能埋藏有此种书籍的墓葬，组织主动的有充分技术准备的发掘。已获得的简帛，应予以完善的保护，尽快整理公布，提交学术界研究。这对于下一世纪有关学科的发展，对于中国优秀文化传统的阐扬，将有很大的裨益。

原载《文物》1999年第10期

简帛和楚文化

近年出土的大量简帛古籍，大多数是前所未见的佚书，少数有传本的也多与今本不同。可以毫不夸张地说，这些"惊人秘笈"的发现等于给我们打开了一座丰富的地下图书馆。许多全新的材料，迫使我们对学术史上一些带根本性质的问题作出新的考虑。

首先，是关于中国古代文化传流的问题。

春秋战国时期百家争鸣的学术繁荣局面，随着齐、楚、燕、韩、赵、魏等东方六国被强秦吞并而宣告结束。《史记·秦始皇本纪》载，秦始皇在称皇帝之后，不久就接受丞相李斯的建议，禁毁《诗》《书》及百家语（各种子书），颁布了《挟书律》（禁止持有书籍的法令），详情已见前引。接着到来的，是农民大起义和楚汉相争的动荡时代。所谓《挟书律》，到汉惠帝时得到撤销，但新的文化繁荣要到文帝时期才开始出现。从秦代到西汉初年这半个世纪的时间里，文化传流的状况如何，过去的了解从来是很少的。睡虎地秦简和马王堆帛书中可确定属于秦代的写本，证实了《史记》的记述。

秦简共书十种，即《编年记》《南郡守腾文书》和《语书》《秦律十八种》《效律》《秦律杂抄》《律说》《封诊式》《吏道》和两种《日书》。《编年记》如前所述，是所谓"秦记"一类秦人编写的史书。《吏道》是秦人编纂的供学做官吏的人使用的读本。《日书》则是卜筮一类的书。尽管睡虎地11号墓的年代略早于李斯的建议，竹简的内涵却与李斯限定的允许范围相合，这是因为禁止《诗》《书》及百家语，本来是商鞅以来秦国一贯的政策。

马王堆帛书中肯定是秦写本的，一件是《式法》，书中避讳"正"字，把"正月"改为"端月"。另外《五十二病方》从字体看也可能是秦代的抄本。这两种书籍，前者是数术之类，后者是医药之书，都不在禁毁之列。这也可说明，秦朝的法令当时是发挥了相当作用的。

秦统治者禁绝《诗》《书》及百家之学的原因之一，是企图用秦国的传统文化统一中国的文化。然而，睡虎地竹简表明，秦国的社会制度和文化，实际在很多方面落后于六国。这方面一个主要的标志是，秦人相当普遍地保留着奴隶制的残余。

秦简中的奴隶，有官府奴隶，也有私人奴隶。秦政府官有的奴隶，主要是隶臣妾（男奴隶叫隶臣，女奴隶叫隶妾，到汉代隶臣妾转化为有期限的刑徒名），其来源是罪犯或投降的敌人之类。私人所有的奴隶，称为臣妾。无论是官有还是私有的奴隶，都被使用于农业及手工业的生产，都可以在市场上公开买卖。《封诊式》中有一个典型的案例，题为"告臣"，记载某地某里有一个士伍（没有爵位的男子）甲，把他拥有的一个名叫丙的男奴隶捆送官府，说：丙是甲的奴隶，他骄悍不肯耕作，不听甲的命令，就把丙按市场的标准价格，卖给官府，叫他服城旦的刑役。这种典型的野蛮的奴隶制关系，在秦简各种律令中有很多反映。

正由于秦国的文化传统是落后于六国的,它并未能创造出可观的文化成果,来替代曾达到相当繁荣的六国文化。简帛中值得称道的秦文化的产物,只有条目繁多的法律,成为汉律的依据和凭借。秦亡以后不久的墓葬中,《诗经》和百家语就纷纷出现了。这说明,秦朝的禁令和秦汉之际的动乱,所造成的只是学术文化暂时的低潮,并没有真正截断中国古代文化的传流。

其次,是楚文化的历史作用问题。

若干年来,中国和外国都有不少学者,把注意力集中于楚国历史和考古的研究。这一方面是由于自20世纪40年代以来,古代楚国地域内的考古发现层出不穷,不时有惊人的成果;另一方面是因为楚国雄踞南方,领域广袤,在中国古代历史文化上本有其特殊的地位。有些学者在著作中使用了"楚文化"这个词。

我想读者已经注意到,我们这里谈到的各批简帛,好多出土地点是在原来楚国的领域之内。秦简的发现地湖北云梦,战国时属于安陆,是楚国北部的要地。秦昭王二十八年(前279),命白起率军攻楚,"拔鄢、邓五城;其明年,攻楚,拔郢,烧夷陵,遂东至竟陵"。秦简《编年记》载,秦军"廿九年,攻安陆",此后这一带归秦所有。湖南长沙和安徽阜阳都是楚国的心腹地区,山东临沂地区则是在楚灭越之后被划入楚国版图的。这些出有简帛的墓葬,从考古学看也都带有显著的楚文化的影响痕迹。

应当指出,即使是占领楚地的秦人,也不能不受楚文化的浸润影响。睡虎地竹简的主人是秦人官吏。有证据表明,睡虎地的秦墓埋葬的可能都是秦人而不是楚地的土著。但是,竹简中的《日书》实际集中体现的是楚国的传统信仰，反映了楚人尊尚巫鬼的习俗。为了使秦人能按照楚人的方法选择吉利的时日，在《日书》里还专门附有一份秦、楚两国月名的对照表。

马王堆帛书有不少是楚国人的著作，具有鲜明的楚文化的特点。试举《五十二病方》为例，这是一部有很高科学价值的医药方书，书分五十二章，每章用一种疾病作为标题。细读全书原有的目录，可以看出很多是南方多见的疾病，如"蛭蚀"（水蛭咬伤）、"蚖"（蝮蛇咬伤）、"冥病"（麻风病）之类。书中药物有时特别说明荆楚地区的土名，如"牡痔"章第一方说："青蒿者，荆名曰萩；菎者，荆名曰芦茹。"很明显，这部珍贵的方书是楚人辑集的，它代表了楚国的医药学水平。

《五十二病方》和其他帛书医书经常用"知"字表示病的痊可，这是楚人的方言。中医最重要的经典《内经》也常用这个词。现在我们知道，《五十二病方》卷前的医学理论文字是《内经》的来源之一。由此可见，《内经》可能有相当大的部分是楚国的作品。

更重要的是，帛书《黄帝书》的发现，证明了战国直到汉初一直流行的黄老之学，其根源实出于楚国。《老子》的作者是楚苦县人，早见于《史记》，但所谓"黄"内容是什么、有什么地域特色，前人是无所知的。考察《黄帝书》，其文字很多类同于《越语》《淮南子》，显然是长江流域思想文化的结晶。

黄老之学是道家的一种分支，在战国中晚期思想界有相当强大的势力。在几个诸侯国握有统治权的法家人物，颇多学习黄老，如韩国的申不害和韩非、齐稷下的赵人慎到，都以其学归本于黄老。汉代窦太后好黄老术，司马谈《论六家要旨》仍把黄老列为首位。通过马王堆帛书《黄》《老》的研究，进一步揭示楚文化与黄老思想的联系，将是打开中国学术史上许多疑谜的重要钥匙。

下面，再仔细讨论有关楚文化的问题。

所谓"楚文化"，包含的意义有不同，有考古学意义上的楚文化，也有文化史意义上的楚文化。近年来我写了两篇文章，根据新出土的帛书竹简，讨论楚文化的传流问题，重点在于学术思想上的传流。这两篇，一篇是《新出简帛与楚文化》，收录于湖北省社会科学院历史研究所编辑的《楚文化新探》；另一篇是《马王堆帛书与〈鹖冠子〉》，刊于《江汉考古》1983年第2期。两文所述，尚未能勾画出晚周秦汉间楚文化传流的概貌。这里试从几个侧面进行补充。

战国中晚期，天下的重归统一已成为历史的必然趋势。周天子虽然灭亡，但诸侯的互相兼并，为统一准备了前提。楚国灭国最多，疆域广阔，事实上已统一了东南半壁，在秦灭六国前，影响最为深远。因此，楚文化的影响所及也非常广泛。灭越以后的楚文化范围，已从长江中游扩展到下游以至淮泗地区，甚至影响到南海。

秦朝统治的十几年，采取了以秦的思想文化为本的政策，对楚的思想学术无疑是严重的打击遏抑，但楚文化的传流并未由此断绝。在《新出简帛与楚文化》一文中，我们曾举秦简《南郡守腾文书》所记楚人乡俗未改为例。《汉书·艺文志》纵横家有《秦零陵令信》一篇，云"难秦相李斯"。《文选·吴都赋》注引"秦零陵令信上书"有"荆轲挟匕首，卒刺陛下"之语，当即《汉书》的《秦零陵令信》佚文[1]。由此可知，秦始皇时楚地还有这样的纵横家上书反对李斯的法家观点，这在秦代是很罕见的。事实上，秦代的文化思想仍然是活跃的，并不是只有法家存在。

汉兴以后，惠帝时除《挟书律》，晚周各地的百家思想得以复兴。《史记》《汉书》所载学术传流，多侧重北方，对南方楚地的文化史涉及较少。20世纪70年代考古发现的几批珍贵简帛，在一定程度上弥补了这一缺环。

汉初风行一时的黄老道家，过去的学者多以为源于齐学，有人认为与齐稷下一些学者有关。现在由于马王堆帛书的发现，知道齐的道家并非这一流派的主流，黄老道家的渊源实在楚地。

据《史记》载，老子本为楚地的人，但司马迁所述老子，兼采众说，实有矛盾之处，引起后世许多怀疑。道家著作很少注重历史，有一些牵涉史事之处也多恍惚不实，有时不能用考证的方法来要求。

马王堆帛书中的黄老典籍，与《老子》并行的有《黄帝书》，其思想内容和风格，近于《国语·越语》《文子》《鹖冠子》等书。我们曾经指出，这些都是南方的作品，代表了南方道家一派的传统。

《越语》记范蠡言行，许多术语命题与帛书相类。《黄帝书》已有学者从语言方面分析而判定为战国中叶南方之作，而《越

---

[1] 参看班固编撰：《汉书艺文志讲疏》，顾实讲疏，上海古籍出版社，1987年。

语》较《黄帝书》朴素,应早于帛书的撰作,其著作年代虽不一定在范蠡生时,也应当是比较接近的,估计成篇于战国前期,当相距不远。

范蠡的话是回答越王勾践的,有所实指,而类似的语句到了《黄帝书》中就成了普遍性的命题,这里只举一个例证。《越语》中勾践向范蠡说:"不穀之国家,蠡之国家也,蠡其图之。"范蠡回答说:"四封之内,百姓之事,时节三乐,不乱民功,不逆天时,五谷睦熟,民乃蕃滋,君臣上下交得其志,蠡不如种也。"这几句话讲的是越国的具体政事。范蠡自认使人民劝事乐业之能力不如文种。下面还有一段讲"四封之外,敌国之制,立断之事"的话,范蠡认为在这些方面文种则不如自己。在帛书《黄帝书》中有这样一节:"是故为人主者,时挃三乐,毋乱民功,毋逆天时。然则五谷溜熟,民乃蕃滋。君臣上下交得其志,天因而成之。"词句虽与《越语》大部雷同,可是讲的却是人主治道的普遍原则,与范蠡说的很不一样。我们觉得,这只能是《黄帝书》因袭《越语》,把具体的言论普遍化了,而不会是相反。

《越语》还载范蠡对勾践说:"蠡闻之,上帝不考,时反是守。强索者不祥,得时不成,反受其殃。失德灭名,流走死亡。"这段话有韵,"考""守",古幽部韵;"祥""殃""亡",古阳部韵。到了《黄帝书》中,就出现了"圣人不巧,时反是守,优未爱民,与天同道"的话。"巧""守""道",古幽部韵。范蠡讲的是"上帝",而《黄帝书》说的是"圣人",也不相同。从"蠡闻之"看,范蠡的话尚有所据,这几句话可能还有更古的渊源。

《文子》一部分已见于八角廊竹简。八角廊汉中山王墓是西汉晚期的，所以《汉书》所记刘向父子看到的《文子》当即与竹简相同的本子。简文云平王问文子，而今传本妄改为文子问老子[1]，是此书被误解为伪书的原因。"平王"前人已考定当为楚平王，故文子的活动年代和范蠡相近。今本《文子》内容很多，哪些是先秦故籍，哪些是后人博采其他书籍增益，仍待研究。《汉书·艺文志》载《文子》九篇，云："老子弟子，与孔子并时。"王充《论衡·自然》说："以孔子为君，颜渊为臣，尚不能谴告，况以老子为君，文子为臣乎？老子、文子，似天地者也。"这也说明文子是老子的弟子。今传本窜改原书为文子问老子，这可能也是一个原因。

有趣的是，传说文子与范蠡有关。北魏李暹作《文子》注，认为文子就是计然。《史记·货殖列传》曰："昔者越王勾践困于会稽之上，乃用范蠡、计然。"《集解》："徐广曰：'计然者，范蠡之师也，名研，故谚曰：研、桑心筭。'案：《范子》曰：'计然者，葵丘濮上人，姓辛氏，字文子，其先晋国亡公子也。尝南游于越，范蠡师事之。'"《索隐》："计然，韦昭云范蠡师也。"这一说法如果是正确的，《文子》和《越语》之间联系就容易理解了。

计然是人名，又见《吴越春秋》和《越绝书》，作"计砚"或"计倪"。蔡谟提出"计然"是范蠡所著书名，司马贞等已加

1　国家文物局古文献研究室、河北省博物馆、河北省文物研究所定县汉墓竹简整理组：《定县 40 号汉墓出土竹简简介》，《文物》1981 年第 8 期。

反驳[1]。实际上,《汉书·古今人表》已列计然于第四等,说是书名是说不过去的。至于计然是否就是文子,当然还需要进一步考证。

《鹖冠子》为楚人所撰,今本可能包括了《汉书》中道家的《鹖冠子》和纵横家的《庞煖》两书。鹖冠子是战国中晚期之间的人,而其书的著成当在战国末或更晚。这我们在《马王堆帛书与〈鹖冠子〉》一文中已论述过了。

综观《文子》《越语》《黄帝书》和《鹖冠子》诸书,可见它们有许多一脉相承的迹象。尽管其间先后还难以确定,彼此有关系则是无疑的。举一项在思想上有关键意义的词语,《越语》记范蠡云:"尽其阳节,盈吾阴节而夺之。宜为人客,刚强而力疾;阳节不尽,轻而不可取。宜为人主,安徐而重固;阴节不尽,柔而不可迫。"所谓"阳节""阴节"是很有特色的术语,在别的流派文献中是找不到的。《文子·道原》和《黄帝书》则称为"雄节""雌节",后者还专有《雌雄节》一章,其意义虽与范蠡的"阳节""阴节"有些区别,术语的特点却是一致的。唐兰先生还找出不少《黄帝书》同《越语》《文子》《鹖冠子》相同的词语及段落[2],读者不妨参看。

"雌雄节"之说,已有学者指出源于《老子》。从思想上考察,《老子》显然比《文子》《越语》等书都早一些。这样看来,《老子》五千言恐怕不像近代很多学者猜想的那样晚出。

---

1 梁玉绳:《人表考》,载《史记汉书诸表订补十种》,中华书局,1982年。
2 唐兰:《马王堆出土〈老子〉乙本卷前古佚书的研究——兼论其与汉初儒法斗争的关系》,《考古学报》1975年第1期。

《史记·乐毅列传》记载:"乐氏之族有乐瑕公、乐臣(一作巨)公,赵且为秦所灭,亡之齐高密。乐臣公善修黄帝、老子之言,显闻于齐,称贤师。"司马迁又说:"乐臣公学黄帝、老子,其本师号曰河上丈人,不知其所出。河上丈人教安期生,安期生教毛翕公,毛翕公教乐瑕公,乐瑕公教乐臣公,乐臣公教盖公,盖公教于齐高密、胶西,为曹相国师。"这是北方道家传流,《老子》河上公注当出于这一系统的学者。我们上面所讨论的,则是南方道家的传统,帛书《德经》在前的《老子》可能是这个南方系统的传本。

数术之学与阴阳家有密不可分的关系。数术在晚周非常盛行,延至汉代。刘歆《七略》专设数术略,与六艺、诸子、诗赋、兵书、方技并列。《汉书·艺文志》数术书有190家、2 500多卷,以家数论,近于全志书籍总数的三分之一。

20世纪70年代陆续出土的几批简帛,如出土于楚地的云梦睡虎地秦简、长沙马王堆帛书和竹木简、阜阳双古堆汉简等,都包括相当多的数术书。特别是马王堆帛书中,数术书竟超过半数,不愧是数术书的宝藏。1983年夏,作者在国外举行的一次国际学术会议上宣读了题为"论睡虎地秦简与马王堆帛书中的数术书"的论文,这里简要介绍其中的几点结论。

云梦睡虎地秦简属于数术的是甲、乙两种《日书》。古人占候卜筮通称"日者",故《日书》属于秦法不禁的卜筮之书,具体说来是择日吉凶的数术。两种《日书》均以建除术冠首,其内容包括秦、楚两国系统的数术。例如建除就有两套,甲种《日书》分称之为"除"和"秦除",前者即楚的建除术。由此可见，楚的数术在秦人占领后仍继续流行。

马王堆帛书数术书中最引人注目的是两种《阴阳五行》和三种《刑德》。由于帛书尚未整理完毕，这些帛书的名称是暂定的，书中的一些问题要弄清楚也需要一定的时间。不过，根据目前的了解，这些帛书有的应归《汉书·艺文志》中的数术家的五行类，有的则近于兵书中的兵阴阳类。这几种帛书包括多种数术，尤其重要的是几种附表格的式盘图（图7-1）。式盘

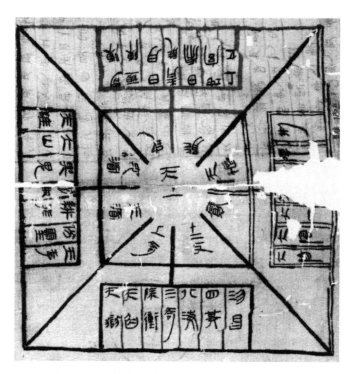

图7-1　马王堆帛书《阴阳五行乙篇》之《传胜图》

古称"天时",《汉书·艺文志》中有《羡门式法》《羡门式》各二十卷。羡门氏即羡门高,与韩终并称。韩终是秦始皇时的数术家,羡门高的时代也差不多,故《史记·秦始皇本纪》载始皇"使燕人卢生求羡门高誓"。几种帛书,特别是秦抄本《式法》(旧称《篆书阴阳五行》),肯定出于楚人之手,其中有成套的楚官名,这为我们考察楚的数术传统提供了条件。式盘属于数术用具,由于古代科学与数术有某种联系,近年颇受学术界的重视[1],有的外国学者也有专文论述[2]。在较早的文献中,式盘就与用兵有关。《周礼·太史》讲到在大举出师的时候,太史要"抱天时,与天师同车",这里说的"天时",据注解即是式盘。帛书有相当一部分是专门讲述这种式盘的使用的,可见数术在楚地的流行。

帛书还包括其他与军事有关的数术,如《天文气象杂占》记载了许多所谓瞻云、望日、察气、观景的方术[3],特别是彗星,已引起科学史界的重视和研究。战国中期的《尉缭子·天官》篇提到:"楚将公子心与齐人战,时有彗星出,柄在齐。柄所在胜,不可击。公子心曰:'彗星何知!以彗斗者固倒而胜焉。'明日与齐战,大破之。"可见楚国早有观察彗星以占胜负的数术观点。《尉缭子》其书,由于临沂银雀山竹简本的发现,大家已公认为真,但对作者的时代尚有争议,有的学者认为是梁惠

---

1 严敦杰:《关于西汉初期的式盘和占盘》,《考古》1978 年第 5 期。
2 Harper Donald, "The Han Cosmic Board (Shih)," *Early China* 4 (1978): 1—10.
3 《长沙马王堆三号墓出土西汉帛书〈天文气象杂占〉》,《中国文物》1979 年第 1 期。

王时人[1],有的则以为是秦始皇时人[2]。从书中一些术语与《孟子》等相似看,我们是同意前一说的。《天官》篇不赞成数术,反对"刑德"和"天官时日"之说,篇中云:"梁惠王问尉缭子曰:'黄帝刑德,可以百战百胜,有之乎?'尉缭子对曰:'刑以伐之,德以守之,非所谓天官时日、阴阳向背也。黄帝者,人事而已矣。'""天官时日"即刑德的运转、阴阳向背的抉择,均指数术家言,与帛书所载完全是一回事。数术可以说是具体的方面,而数术所蕴含的思想应属于阴阳家,战国时本是盛行的一派。以往研究阴阳家,苦于缺乏依据,一般只知道邹衍"五德终始""大九州"等很少几个论点,语焉不详,实则邹衍一家著作就有《邹子》四十九篇、《邹子终始》五十六篇之多。现在我们了解了楚人的数术,便可进一步探讨当时的阴阳家思潮及宇宙结构的观念。

《越语》里范蠡的言论,已经有兵阴阳家的色彩,如他对越王说:

> 臣闻古人之善用兵者,赢缩以为常,四时以为纪,无过天极,究数而止。天道皇皇,日月以为常,明者以为法,微者则是行。阳至而阴,阴至而阳;日困而还,月盈而匡。古之善用兵者,因天地之常,与之俱行。

---

[1] 华陆综:《尉缭子注译·前言》,载《尉缭子注译》,中华书局,1979年。
[2] 程应镠:《关于尉缭和〈尉缭子〉》,载《社会科学战线》编辑部编《古籍论丛》,福建人民出版社,1982年,第79—89页。

文中所反映的思想倾向,与《吴孙子兵法》《齐孙子》《吴子兵法》《尉缭子》等显然不同。范蠡及计然的形象,在晚出的著作中很多都与数术有关,如《越绝书》之《计倪内经》《枕中》等篇。到隋唐著录中,还出现了专论阴阳历数的《文子计然》。这些虽不尽有史实的根据,但从思想的流派来说是有其渊源的。

楚地的黄老道家,在晚周时与阴阳术数进一步密切结合。前面提到的楚国的鹖冠子,其学以黄老为本,而其著作以"阴阳""天官"等与"道德"相提并论,就是一个例证。这样的人物到汉初还有,《史记·日者列传》所载楚贤大夫司马季主可以为证。

以前我们已经谈到,《鹖冠子》成书甚晚,在汉文帝时的长沙,鹖冠子一派道家正在流传。贾谊所作《鵩鸟赋》和马王堆帛书的性质,都说明了这一点。这也就是说,以楚国为中心的南方道家传统,在当地继续存在。

《淮南子》是另一个显著例证。大家知道,淮南王刘安继位后,不喜弋猎狗马驰骋,招致宾客方术之士数千人,与苏飞、李尚、左吴、陈由、雷被、毛被、伍被、晋昌等八人及诸儒大山、小山之徒,"讲论道德,总统仁义",著成《淮南子》一书。刘安网罗的学者,思想倾向不尽一致,但《淮南子》还是有一贯宗旨的著作,与《吕氏春秋》的杂糅不同。正如高诱《淮南子注》叙所说,此书"其旨近《老子》,淡泊无为,蹈虚守静,出入经道"。《汉书·艺文志》把《淮南》内、外篇列于杂家,是把内篇和外篇合在一起考虑。颜师古已说明"内篇论道,外篇杂说",单就内篇看,基本上仍是南方道家的继续。如《文子》与《黄帝书》均有《道原》篇,而《淮南子》则作"原道",三者在思想上是有关的。

参加《淮南子》编著的学者多不可详考,其中三人都名为"被",也是很奇怪的。只有伍被一人《汉书》有传,称:"伍被,楚人也。或言其先伍子胥后也。被以材能称,为淮南中郎。是时淮南王刘安好术学,折节下士,招致英俊以百数,被为冠首。"估计其他人多数也是楚人。所以,由人和地域来考察,《淮南子》为南方之学殊无疑义。

《中国思想通史》第二卷论《淮南子》时已经指出书中为"道家与阴阳家的传统"。《淮南子》的主要各篇,如《原道》《俶真》《精神》等属于道家,《天文》《地形》《时则》等则有不同程度的阴阳数术的色彩。特别是《天文》一篇,是当时数术的渊薮。我们现在能够理解马王堆帛书中的数术书,许多地方是依赖《天文》及其历代注释。帛书《篆书阴阳五行》,与《天文》所述相似的地方最多,可见《淮南子》确实保存了楚地数术的不少内容。

淮南王刘安立于汉文帝十六年(前164),恰在马王堆3号墓下葬的第二年,至武帝初建元二年(前139),淮南王入朝,献所作《内篇》,即今本《淮南子》,故《淮南子》一书著成于文帝后元至景帝时期。在《马王堆帛书与〈鹖冠子〉》一文中,我们曾论及司马迁之父司马谈《论六家要旨》,遵照黄老道家的传统,以道家为主,同时仍将阴阳列在儒、墨、法、名四家前面。那时司马谈为太史令,正是在武帝初年的建元和元封之间[1]。建元六年（前135），喜好黄老之术的窦太后死去，武帝转向崇尚儒学而罢黜黄老刑名百家之言。同时，道家本身的思想趋向也有一些变化，如《淮南子》书中有较多的《庄子》的影响，已与晚周至汉初南方黄老道家的正宗有所区别。道家由以黄老为主转移到以老庄甚至以庄列为主，这一转变在《淮南子》书中已可见其端倪。作为楚文化重要内容的黄老道家兼阴阳数术的思想传统，到《淮南子》的成书，已经是殿军之作了。

原载《简帛佚籍与学术史》，
江西教育出版社，2001年

---

[1] 刘汝霖著：《汉晋学术编年》，中华书局，1987年。

第八讲

古代文明与区域文化研究

多彩的古代区域文化

我国疆土辽阔广大,自史前时代,即有许多人民部族在这片大好河山上活动生息,为缔造中国古代文化做出各自的贡献。进入文明时代以后,更有众多的民族和方国,递兴迭起,使悠久的历史呈现出绚丽的场面。忽视我国历史文化的这种丰富性、多样性,就像用单一的音符谱写天籁,单色的画笔描绘繁花,只能是失去其原有的丰神。

统一本来是中国历史的一个值得自豪的特点。纵观几千年的古史,统一是经常的、主要的,分裂则是暂时的、异常的现象。有些人主张秦始皇第一次统一中国,这是不够确切的,因为夏、商、西周已经有了统一的局面,秦不过是在春秋五霸、战国七雄的并峙分立之后,完成了再统一而已。长期的统一,为中国文化带来了相当普遍的共通性,由中原以至边远,在很大程度上道一风同,这又反过来使政治、经济的统一更加持久巩固,成为中国人凝聚力的基础。但是,普遍存在的文化的共通性,和各地区、民族的文化的多样性,并不是相排斥的。正是由于中国是一个统一的多民族的国家,中国的历史文化才这样丰富多彩。我们研究古代各个区域的文化,既要见其同,也必须见其异。

这里所说的古代的区域,本身便是在历史上形成的概念。早在公元以前,我国已经有一些学者对风土人情进行了分地区的描述。司马迁是一个杰出的例子。大家都记得他怎样在《史记·货殖列传》中，就全国各区域的特色一一加以分析讲述。比如他说："泰山之阳则鲁，其阴则齐。齐带山海，膏壤千里，宜桑麻，人民多文采布帛鱼盐。临菑亦海岱之间一都会也。其俗宽缓阔达，而足智，好议论，地重，难动摇，怯于众斗，勇于持刺，故多劫人者，大国之风也。其中具五民。而邹、鲁滨洙、泗，犹有周公遗风，俗好儒，备于礼，故其民龊龊。颇有桑麻之业，无林泽之饶。地小人众，俭啬，畏罪远邪。及其衰，好贾趋利，甚于周人。"他在《齐太公世家》篇末也说："吾适齐，自泰山属之琅邪，北被于海，膏壤二千里，其民阔达多匿知，其天性也。以太公之圣建国本，桓公之盛修善政，以为诸侯会盟，称伯，不亦宜乎？洋洋哉，固大国之风也！"司马迁论齐这一地区，从自然环境、经济条件、历史特点，讲到人民的文化风俗，话虽不多，分析是鞭辟入里的。特别是以齐与相邻的鲁相对比，使齐的区域特点更形突出。

几十年前，有些学者曾对古代区域文化做过有益的探索，例如20世纪30年代对吴越文化的研究，30年代末到40年代对巴蜀文化的研究，是其佳例。近十来年，古代区域文化的研究有突飞猛进的发展。首先兴起的，是楚文化的研究。好多历史、考古界学者，特别是湖北、湖南、安徽、河南等省的研究者们，在楚文化研究方面做了大量工作。他们多次举办学术会议，在刊物上开辟专栏，发表了很多论文，最近又出现了一大批有关楚文化的专著。随之而起的，有巴蜀文化、吴越文化、晋文化、秦文化、燕赵文化、齐文化等等的研究，或有专书、专栏，或召开学术讨论会，各有盛况，成绩也是很大的。看来，古代区域文化研究可以说已经达到了开始成熟的阶段。

前些年，我在小书《东周与秦代文明》里，曾提出"文化圈"的概念，想把文献记载和考古成果综合起来，将古代中国划分为若干"文化圈"。1988年初，应澳大利亚国立大学巴纳先生要求，又写了《中国青铜时代的文化圈》一文，引申了这种概念。我的想法，实质上就是提倡区域文化的研究。比如我所说"东方文化圈"，是指今山东省一带区域的古文化，和一般说的齐文化有相近似之处。

下面我们便以"东方文化圈"或广义的齐文化为例，来看一看区域文化研究为什么是必要的。

研究区域文化的重要性，对于考古学来说，是不言自明的。考古学意义的文化，本身就具有明显的区域性质。山东区域的史前文化，最早发现的是山东龙山文化。在很长的时间里，人们是把山东龙山文化和河南龙山文化等混为一谈的。还有大汶口文化，刚发现时也被认为龙山文化。近年的田野考古工作揭示，山东一带存在着北辛文化—大汶口文化—山东龙山文化—岳石文化的系列。不少学者认为这一系列文化属于东夷，其中岳石文化是由夷人构成的方国的文化。

东夷的文化和夏、商文化之间有怎样的关系，尚有待深入研究，但大汶口文化、山东龙山文化至少有两种因素可能对夏、商文化有重要影响，即大汶口文化的陶器符号和山东龙山文化的玉器艺术。

大汶口文化陶器符号现已发现八九种，其中一部分和良渚文化玉器上面的符号是同样的，后者又有若干还没有在大汶口陶器上面发现的符号。这些符号大都可以作为文字来分析辨识，在器物上的位置也与纹饰不同，因而多数研究者认为它们与汉字的起源有关，很可能就是甲骨文之类商代文字的前身。

商代各种器物上最流行的纹饰是饕餮纹（兽面纹）。追溯饕餮纹的来源，目前可上推到良渚文化、山东龙山文化的玉器。良渚文化的饕餮纹玉器，其纹饰具有带特殊形状的冠、能对分为左右对称的花纹等等特点，和商代饕餮纹一脉相承。山东龙山文化的这种玉器，发掘品尚少，但一些非发掘品的文化性质还是清楚的。其纹饰有和良渚文化共通之处，如有两种不同的颜面并存，和商代饕餮纹也有联系，年代更为接近。商代遗存中的少数玉器，如殷墟妇好墓的一件玉凤，有学者认为实际是山东龙山文化的遗物。

山东龙山文化遗址还出土有小件铜器和铜渣，与商代青铜器的起源也可能有某种关系。

对于古代史的探讨，研究区域文化同样是非常重要的。原始社会星罗棋布的氏族部落，固然是分地区的，夏、商、周三代的方国，也各有其地区的基础。以大家了解较多的西周而言，初年的分封诸侯，国数甚多，但是经过不久，诸侯以强并弱，逐渐形成了一批大国，奠立了东周列国的基础，换句话说，即形成了若干自有特点的区域。只有分别详细研究各个区域，才能真正把握古史的消息。

山东一带，在夏代史上即有关键意义。前些时候，我在《古本〈竹书纪年〉与夏代史》（《华夏文明》第一集）文中提到，夏与诸夷的关系是《竹书纪年》这一部分最重要的内容。据载，帝相曾征伐淮夷及风夷、黄夷，当时"于夷来宾"；少康时，"方夷来宾"；帝杼"征伐东海，至于王寿"；帝芬时，九夷（畎夷、于夷、方夷、黄夷、白夷、赤夷、风夷、玄夷、阳夷）来御；帝芒命九夷；帝泄则命六夷；到帝发时，诸夷仍"宾于王门"。这说明，夏代诸王都重视对夷人的统治，而夷人的一部分应活动于山东地区。

商代今山东地区有多少方国，我们所知有限，但从周成王时的叛乱，"三叔（管叔、蔡叔、霍叔）及殷、东、徐、奄及熊盈以略"来看，夷人是商朝的重要依靠力量。武王时，太公封齐，据《史记·齐太公世家》讲，目的在于建立和加强对夷人的控制。果然，太公就国，当时便有莱侯来伐，与太公争夺齐都营丘。莱国在山东黄县（今龙口），其侯系子姓，即与商朝同姓，而莱人据《齐世家》说乃是夷人。由此不难推想，此后疆域不断扩大的齐国，境内必然包容了许多夷人，就像鲁国、卫国境内有殷民，晋国境内有戎狄一样。我国古代的诸侯国，每每有这样的结构，统治者为王朝所封，人民则为不同的族氏或民族，齐国在那时的历史条件下也不能例外。所谓齐文化，正是在这样的条件下形成的。

细读文献和现已发现的金文，对夷人的关系可说是姜齐整个历史中的大事。上面提到的莱国，直到春秋晚期，才为齐国所灭。现藏于台北故宫博物院的庚壶，铭文详记齐灵公时伐莱之事，可与《春秋》经传合读。事实上，周代齐国内外的形势是颇复杂的，在其周围，既有同姓、异姓的诸侯，又有戎人、夷人的部族。对这一地区进行专门的考察分析,将能揭露很多人们过去不能了解的史事真相。

区域文化的研究,又有利于思想史、学术史研究的深入发展。古代学术思想的流派,常有强烈的地域性,忽略这一点,即难考证其源流。《宋元学案》《明儒学案》,多以地名标题,是学派地域性的一种体现。上溯到先秦,情形也是如此。由于各国的历史文化传统互有差异,为不同思想流派的产生准备了条件。侯外庐先生主编的《中国思想史纲》曾说:"各个学派的流传分布,往往也有其地域的特点,大略的形势可以描绘如下:儒、墨以鲁国为中心,而儒家传播于晋、卫、齐,墨家则向楚、秦发展。道家起源于南方原不发达的楚、陈、宋,后来可能是随着陈国的一些逃亡贵族而流入齐国。楚人还保留着比较原始的'巫鬼'宗教,同样在北方偏于保守的燕国和附近的齐国,方士也很盛行,后来阴阳家就在齐国发展起来。法家主要源于三晋。周、卫位于各国之间的交通孔道,是商业兴盛之区,先后产生了不少专做政治交易的纵横家。"[1]

齐国的学术思想,前人多强调稷下的研究,实则有几个传统很值得注意。

一个是管子的传统。今传本《管子》一书,学者常以为内容驳杂,仔细考虑尚有其脉理可寻。如《史记·管晏列传》所述,管子之政主于"通货积财,富国强兵",这是贯彻于《管子》自《经言》到《轻重》的一条主线。齐国追随于管子之后

---

[1] 侯外庐主编:《中国思想史纲》(上册),中国青年出版社,1963年,第59页。

的学者，在不同时期受了一些学派的影响，特别是黄老道家一派的作用甚大，致使《管子》在《汉书·艺文志》列入道家。经世之法与黄老道术的结合，成为管子之后这一流派的显著特点。

另一个是兵家的传统。《汉书·艺文志》有吴、齐两《孙子》。《吴孙子》即今天名闻世界的《孙子兵法》，作者孙武虽仕于吴，原为齐人。《齐孙子》即近年发现的竹简《孙膑兵法》，这个孙膑乃是孙武的后世子孙。《孙膑兵法》和《孙子兵法》等好多兵书一起发现于山东临沂银雀山汉墓，墓中还有《尉缭子》，作者曾与梁惠王对话，或说也是齐人。此外，银雀山竹简中还有《六韬》，出于《汉书·艺文志》的《太公》，可能也出于齐人。齐人的兵家著作，另外有著名的《司马法》。这座墓的死者姓司马，他生前专搜集兵书和齐人著作，可见齐国兵家统绪延至汉初尚未衰息。

儒家在齐地的传流，也形成有特色的派别，后人称之为齐学。例如《春秋》的公羊一家，始于齐人公羊高，随后子孙世代口传，到汉景帝时，公羊寿与另一齐人胡母子都将之著于竹帛，即今《公羊传》。与此同时，董仲舒为《公羊》博士，著书十余万言，他的思想在西汉思想史上影响的深远巨大，是人所共知的，而追本求源，实出自齐学。

以上所举的都是较古远的例子，区域文化研究的范围当然不限于此。对于汉唐以下，区域文化研究有更广阔的用武之地，只是由于篇幅限制，这里不能细说了。总之，开展区域文化的探索研究，足以为文史之学开一生面，值得今后继续提倡。不过，分区域的研究不等于把整个中国历史文化割裂；相反，必须以历史文化的综观作为背景，才能透彻地认识各个区域文化的特质，并看到区域文化间如何交流融汇，如百川之汇海，共同构成中华民族的辉煌文化。

原载《文史知识》1989 年第 7 期

夏商周与山东

有关夷夏问题，过去在学术界有许多讨论。其中，傅斯年先生的著名论文《夷夏东西说》认为，夏商周时期，中国文化的核心可以沿黄河上下分为东、西两大部分。商与夷在黄河下游，属东系；夏与周在黄河中上游，属西系。开始是夷与夏相互斗争，其后，东方的商人代替了夏朝；再后来，周人承袭夏文化，兴于西方，东进而灭了商朝。傅先生从东西地理角度来讨论三代时期的民族构成关系，揭示了夏、商、周三族的冲突与交替，很有意思。这种观点在中国的历史学界和考古学界影响了相当长的时期，但是今天看来，这种观点需要重新讨论。

首先要讨论的是：夏朝是否仅仅局限在黄河的西部，即豫西地区？夏朝是否与黄河的下游，即山东地区有关系？

这个问题可以从夏代的积年谈起。根据文献记载，夏王朝存在的时间相当长。概括起来有两说：一种说法是431（432）年（见《易纬稽览图》《世经》等），另一种是471（472）年（见《太平御览》卷八二引《竹书纪年》及《路史·后纪》卷一三下注引《汲冢纪年》）。这两种说法实际上可以看作是同一回事，因为在夏代早期曾出现过东方的有穷后羿与寒浞篡位代夏的事件。羿、浞二世加起来共有40年。431年是不包括羿、浞二世，471年则是包括了羿、浞二世。我们认为471年说比较合理，这个数字和古书所记载的夏朝按顺序有17个王基本吻合，即所谓"自禹至桀十七世，有王与无王，用岁四百七十一年"(《太平御览》卷八二引《竹书纪年》)。

有穷氏后羿和寒浞，原来都在山东。据古书记载，有穷氏的地望在德州地区，寒氏的地望在潍坊地区，今天的潍坊市还有寒亭区（寒亭是汉朝地名）。由此可见，从德州到潍坊的大片山东地区，在夏朝时均属于有穷与寒的势力范围。

现在我们再来简单回顾一下夏朝初年的这段历史。夏朝的创始人是禹，禹死后由儿子启继位。启有五个儿子，史称"五子"，其大儿子太康继位，但兄弟五人不团结。这时夏的附属国有穷氏后羿就乘机夺取了夏王朝的政权，这就是《左传·襄公四年》所记载的后羿"因夏后氏以代夏政"。后羿首先废除了太康，立太康之弟仲康为夏王，但政权实际掌握在后羿的手中，仲康不过是傀儡而已。仲康死了之后，又立仲康的儿子相继位，但不久后羿赶跑了相，自己正式当了王，这就是所谓的"后羿代夏"。有关这段历史较为详细的记载见《左传·襄公四年》杜预注。

后羿任夏王之后，终日醉心于游猎活动，而任用寒浞治理朝政。但寒浞对羿怀有二心，勾结羿的"家众"，把羿杀了。于是寒浞又代羿而当了王。当时被后羿赶跑的仲康之子相正躲在夏人的同姓斟灌氏那里。寒浞以为这是对他政权的威胁，于是就派自己的儿子浇去剿灭了斟灌氏和斟鄩氏，杀死了相。相的妻子后缗当时已怀孕，在紧急中从小洞逃跑到了她的娘家有仍氏处，生下了儿子。这就是后来的夏王少康。

寒浞的儿子浇又欲杀少康，少康就逃奔到有虞氏那里，担任了有虞氏的庖正,并娶有虞氏之女为妻。当时,夏的遗臣靡在有鬲氏。少康就和有鬲氏联合起来,经过长期准备,最后消灭了浇及其兄弟豷,恢复了夏王朝的统治。少康继任了夏的王位,史称"少康中兴"。有关史事见《左传·哀公元年》、《竹书纪年》(《后汉书·东夷传》注引)、《帝王世纪》等。

以上夏代早期的历史故事,曾有人表示过怀疑,现在看来是不必要的。我们认为这段故事有它的真实性,这从它的名号——太康、仲康、少康中可以得到证明。大家知道,商朝的王大都是用天干命名的,其中有许多太、仲、少之称,如大丁、大甲、大庚、大戊、中壬、中丁、小甲、小辛、小乙等等,这些在甲骨文里都有记载,"大"等于"太","中"即"仲","小"就是"少"。在甲骨文里的"康丁",就是《史记·殷本纪》的"庚丁"。因此,太康、仲康、少康,实际上就是太庚、仲庚、少庚。夏王的世系中还有孔甲、胤甲、履癸(桀),也是用天干命名的。这种命名法不是造假的人能够想象得出来的。周代的人已经不懂得这种名号是怎么起的,怎么用的,是什么意思。所以从这一点上来看,我们也可以相信太康、仲康、少康这个世系一定有它的背景,有它的历史根据。

既然上面的史事是真实的,那么我们就可以考虑史事中涉及的斟鄩、斟灌、有鬲氏、有仍氏等的活动范围。大多数学者认为斟鄩、斟灌、有鬲氏、有仍氏的地望都在山东,如斟鄩、斟灌在寿光、潍坊一带,有鬲氏在平原县一带,有仍氏在济宁一带。当然,斟鄩也有记载在洛阳附近的,可是斟灌和有鬲氏、有仍氏一定在山东。这样,我们把有穷、寒、有鬲、斟灌、有仍等联系起来考虑，就会得出这么一个强烈印象，即这些夏朝的方国全在山东。这就促使我们考虑一个新问题，即夏朝的活动范围究竟包括多大的地域。近几十年来，由于考古工作的进展，大家对夏王朝中心地区的认识有一个占优势的观点，就是认为应该在豫西晋南，即河南的西部和山西的南部，而它的中心一般认为在洛阳地区。这种说法的提出是由于考古学上在那里发现了二里头文化，二里头文化的时代正好在龙山文化之后、商文化之前，与夏的年代基本相当，而且据古书记载，这里正好是夏朝的一个活动中心，于是学者们普遍认为二里头文化就是夏文化。可是上述的讨论表明，除了豫西地区是夏朝的活动中心外，山东也是夏朝活动比较多的地区。夏朝的统治区域原是相当宽广的，并不是我们原来想象的只在豫西晋南这一小块。无论如何，现在我们必须承认，有穷氏、寒浞氏、有鬲氏、斟灌氏、有仍氏等等夏的属国都在山东，因此，山东为什么不可能有夏的文化呢？考古学文化不一定和王朝完全相对应。例如商代，纯粹典型的商文化范围并不大，如商代晚期典型的殷墟文化基本上不能越过河南以南，湖北地区就没有。可是你不能认为那个地区不受到商文化的影响。事实上，商文化的影响已越过长江到了南方很远的地方，如江西赣江流域的吴城和新干大洋洲的商代大墓即是显例。因此，我们可以有这样一种观念：在夏商周时期，其王朝的区域与考古学文化不是完全等同的。往往出现的情况应该是王朝的范围大于典型的考古文化。就夏代而言，完全有可能的一种情况是，在东方的山东地区有一支夏代的文化，这支文化在一定意义上属于夏朝的范围之内。所以上面提到的故事，不仅发生在河南，也发生在山东。山东与夏代的关系问题值得进一步探索，希望将来会有人从事这方面的努力。

山东地区的考古文化自成序列，即北辛文化—大汶口文化—山东龙山文化—岳石文化。不少学者认为，这一序列文化属于东夷，其中岳石文化是由夷人构成的文化。岳石文化的年代已进入了夏代纪年，岳石文化向西的分布已经达到豫东地区。所以，豫西地区的夏与山东地区的夷人一定存在着关系。古本《竹书纪年》对这方面有较多的记载。帝相时，曾征伐淮夷和风夷、黄夷，其时"于夷来宾"；帝少康时，"方夷来宾"；帝杼时"征伐东海，至于王寿"；帝芬时，畎夷、于夷、方夷等"九夷来御"；帝芒时"命九夷"；帝泄时"命畎夷、白夷"等六夷；至帝发时，仍有"诸夷宾于王门"。由此看来，对诸夷的统治确实是夏代的大事，夏朝应包括夷人区域。前述的有穷氏、寒氏等，在当时应该是夏朝的重要支柱，夏朝的统治在相当程度上是建立在对夷人的统治基础之上，鲁西至潍坊一带是夏朝的重要地区。这样，我们就可以看到，夏朝不是一个夷夏东西的问题，而是夷本身就在夏朝的范围之内。近几十年来，山东地区已发现了不少龙山时代的古城，如章丘城子崖、邹平丁公等。将这些古城排列起来，主要集中在鲁西南、鲁西北直到潍坊一带。这些地区应该就是我们所说的有穷氏、有鬲氏、寒氏、斟灌等发展的历史基础。因此，我们主张，研究夏代不能忽视山东。

下面谈一下奄国的问题。

为什么要谈奄？奄国的时代背景是很重要的。奄是一个诸侯国。奄在什么地方？古书记载和我们对奄的知识是从后边向前推的。古书记载鲁封于奄。在西周初年，周公的大儿子伯禽被封在鲁国，鲁国的首都在曲阜。因此，大家相信奄国与曲阜有关。武王伐纣之后，并没有建都在商人的都城之上，而是把商人原统治的地区分成三个地区，即邶、鄘、卫，并派武王的三个弟弟管叔、蔡叔和霍叔来管理和监督，即"三监"，同时把纣的儿子武庚也封在此地。有人认为"三监"是武庚、管叔和蔡叔，还有人认为是管叔、蔡叔和霍叔，我认为管、蔡、霍这个说法比较好。武王回到了周都宗周，即现在西安附近的长安。他死后，由于成王年少，周公执政。管叔、蔡叔造谣周公要篡夺王位，并联合武庚造反。他们的叛乱得到徐国、奄国的支持，这就是所谓"三监之乱"。后来，周公就在成王的命令之下进行东征，最重要的一点是把奄国消灭，即"践奄"。结果将奄国的国君迁到薄姑，即现在的青州。传说还有一部分的奄国遗民迁至江苏武进，现在武进太湖边上还有一个古城叫奄城。由此，我们向上推把奄国定在鲁国范围之内。

　　再往前推，就更重要了。因为奄在商朝的历史上曾经做过商朝的首都。根据史书记载，在商朝的中期，有一个王叫南庚，迁都于奄，其后有阳甲，亦都于奄，到盘庚时才由奄迁都到殷，即现在的殷墟（河南安阳）。换句话说，盘庚迁殷之前，商的都城曾一度在奄。许多年来，我们一直希望能够找到奄的遗址。如果能够发现，我们就可以对商的考古历史有新的认识。不过，在曲阜一带没有什么发现，特别在今天曲阜市区的范围之内是没有的,甚至连商代地层都找不到。那么古书记载奄在鲁国究竟可靠与否?这个问题到 1973 年左右得到了考古学的印证。在兖州的李宫村出土了一组青铜器,青铜器上都有铭文"剸",大家一致认为就是封伯禽时,封给他的殷民六族中的索氏。因为鲁国是在奄国基础上建立的,当时的遗民一定就是奄人,是没问题的。所以索氏就应该是奄民的一部分,而索氏就在李宫村。可见,殷民六族的分布范围就在兖州这一带,因此奄国也应该在这一带。换句话说,也就是在曲阜附近。进一步要讨论的是:在这个地区有没有能够使我们感觉到相当于作为商朝的都城,后来又成为奄国这么重要的商代诸侯国的遗存呢?近年来,我们可以说,有一个地点应该说够得上资格,即滕州前掌大。它离曲阜有一定距离,可还是不远。前掌大经过中国社会科学院考古研究所的发掘,已有了非常重要的收获,现在还在进行之中。前掌大遗址是一个很大的商代墓葬群,而这个墓葬群出土的东西完全够一个商朝的重要诸侯国的水平。大量的青铜器、玉器,还有很多重要的东西,如古时的铜胄,也就是铜盔,在殷墟发现过,这里也有,而且不止一次发现。墓地规模之大是整个的商朝墓中所不多见的,因此,我认为应该与奄有一定关系。这样,我们看到,奄国的历史由于考古发现,应该说已经有了比较重要的线索。从曲阜、兖州到滕州,这一地区的考古发现会给我们对于奄国问题的研究提供重要依据。

  大家还可能提一个问题:是不是商朝的中心能够在山东、河南地区来回移动,一会儿在奄建都,一会儿又到河南的安阳去?实际上从考古学史上来看,继殷墟以后,最重要的商代遗址就发现在山东。安阳甲骨文的发现震惊世界，确定这是殷墟。殷墟的考古发掘是在1928年开始，到现在有70多年了，这是中国发掘历史最长的一个遗址。可是在这之后，比较好的商代遗址一直不多。再下一个发现就是1935年济南的大辛庄遗址，是中原地区发现的第二个重要的商代遗址。大辛庄遗址最早是由当时齐鲁大学的两个传教士发现的，一个是加拿大的明义士（James Menzies）。他是加拿大长老会的一个传教士，来中国后先在安阳当传教士，正好碰上了殷墟发现。他就骑着一匹又老又瘦的白马在殷墟转悠，收买了大量的甲骨和其他文物。后来，他在齐鲁大学教书时，有人把济南大辛庄出土的文物拿给他看，他就认识到那是商代的东西，是和殷墟一样的。真正报道和研究大辛庄遗址的，是他的同事林仰山（F. S. Drake）。他在英文《中国科学美术杂志》上报道了大辛庄遗址。大辛庄遗址非常重要，其时代从二里岗上层，即商代中期，一直延续到商代晚期。

1970年我被送去五七干校，到1971年冬天，由于郭沫若先生编《中国史稿》，将我调回北京。去考古研究所的第一件事就是看到了一大叠大辛庄龟甲的照片。这些龟甲虽然没有文字，但其制作方法与殷墟几乎是一样的。这就说明，在山东西部地区的商文化，是和安阳殷墟的文化非常接近的，所以，山东在商代历史文化的研究中也是非常重要的。

再谈征夷方的问题。

安阳殷墟发现的甲骨文分属于商代后期武丁、祖庚、祖甲、廪辛、康丁、武乙、文丁、帝乙、帝辛（纣）等九位商王。在古代，"国之大事，惟祀与戎"，殷墟甲骨文所记载的主要内容便是商朝的祭祀与战争。就战争角度看,武丁和帝辛这两位商王特别引起学者们的注意。武丁时期的战争不少,其中重要的战争见于文献的有伐鬼方和伐荆楚。帝辛时期的主要战争是"征夷方"。甲骨文里的"夷方"或释作"尸方",或释作"人方",我现在认为释为"夷方"较好,其事与《左传》《吕氏春秋》所载的"纣克东夷"之事有关。

甲骨文里有关征夷方的材料,见于黄组卜辞。有关这个问题的研究经过了漫长的过程,最早的是王国维,然后有明义士、郭沫若、董作宾、陈梦家,包括我本人也做过一些研究。大家的看法不太一样,可是最重要的是,这组甲骨卜辞可以排列起来,从帝辛九年春天一直排到帝辛十一年春天,大约两年的时间,中间的史事可以连续。如帝辛九年,夷方如何作乱,侵犯了商朝,商王帝辛又如何筹备;到了帝辛十年又如何出兵,出兵路线如何,经过了什么地方;最后又如何打仗,如何取胜;胜利后又如何回去,如何庆祝;等等。"夏商周断代工程"还据此做了年代推算,对确定帝辛的王年起了很重要的作用。

过去,关于夷方的具体地望,学界有不同的认识。有的认为夷方是淮夷,有的认为属东夷。有关商人征夷方的方向,亦有不同意见,有的认为是向西方打,有的认为是向南,有的认为是向东。我们认为,商代离我们已很遥远,后世地名相同或相似的又多,如果单纯互相比附,即使找到一串共同地名,终究有些危险。再说,甲骨文的地名也有异地同名的,光靠系联的方法,并不能完全解决问题。要真正确定甲骨文地名的方位,还有赖于考古学提供有力的证据。当然,要找到这样的证据谈何容易，但机会终于来了。

第一个证据便是我们前面谈到的"索"氏铜器。"索"这个地名就见于征夷方的甲骨卜辞中。现由"索"氏铜器可知，"索"的地望在山东兖州，征夷方时经过了此地。

第二个证据是杞国铜器。征夷方的卜辞里有"杞"这个地名。在文献和古文字材料里，"杞"有两个，一在今天河南的杞县，二在山东新泰。我们认为，征夷方的"杞"在新泰的可能性最大，因为在清末道光、咸丰年间，在新泰出土了写有"杞伯"铭文的青铜器，说明新泰曾是杞国的都城所在。不过，这批铜器的年代在西周后期，时代稍晚。能直接证明新泰在商代也为杞地的证据，是现藏于台北故宫博物院的杞妇卣。根据此卣的形制与花纹判断，其年代当在商末。此卣盖器对铭，一行四字："亚醜（此字待考）杞妇"（图8-1）。器主系亚醜族氏之女而嫁于杞者。过去在山东益都苏埠屯大墓里，曾出土过商代

图 8-1　杞妇卣铭文

的亚醜族氏的青铜器。商末的杞国与益都的族氏通婚,其地理位置也不能太远,新泰在位置上是适宜的。

第三个证据是小臣醜与相关的青铜器。甲骨卜辞里曾记载了小臣醜赴攸以御夷方的事。这个小臣醜与苏埠屯大墓所出青铜器的亚醜族氏有关。益都今称青州,小臣醜参与征夷方,大概也在此地不远。此事还可得到商末铜器小臣艅犀尊的支持。该器传清道光时出在梁山,所谓"梁山七器"之一,现藏美国旧金山亚洲艺术博物馆。其铭文有:"王锡小臣艅夔贝,惟王来征夷方,惟王十祀又五肜日。"(图 8-2)

图 8-2 小臣艅犀尊铭文

还有一个地点可以在这里提一下,在征夷方的甲骨卜辞里,还有一个"淮"地。过去,大家都将其与淮河相联系。我的想法是古文字的这个字可能不是"淮",而是"潍",也就是在现在的潍坊。如果这一点成立的话,那么,商人从河南安阳出发,往东征东夷的路线就很顺了,即由安阳—兖州—新泰—青州—潍坊,一直向东进发。征夷方卜辞还有提到"齐"的。当然,关于"淮"与"潍"的问题还需要直接证据,大家可以继续讨论。

总之,从考古发现所提供的材料来判断,商人征夷方的地点大多在山东,因此,商末的夷方与东夷当为同一事。

下面讲到西周时期山东地区的诸侯国问题。

我们通过对《春秋经》和《左传》的研究,可以获得有关东周的历史与地理的许多信息。可惜,我们研究西周历史地理缺少这样完整的文献典籍。因此,我们需要借助不断出土的西周青铜器铭文及田野发掘,来弥补有关西周历史书面文献不足的缺憾。近几十年来,学术界已对这方面做了较多工作,其中有些与山东有关。比如,前些年,在山西曲沃的晋侯墓地出土了一套晋侯苏编钟。"夏商周断代工程"在出编钟的8号墓中采集了木炭样品,经过测定和研究,推知钟铭所记事件在周厉王三十三年(前846)。编钟记载了周王进行了一场战争,而这场战争的地点就在鲁西南的汶上、东平、郓城一带。通过对晋侯苏编钟的研究,可以考见周厉王时期西周王朝与山东的关系。有关这方面的事例很多,不再赘述。今天,着重谈谈西周时期在山东的封国问题。

山东被称为齐鲁之地,这是因为西周初年齐和鲁两个诸侯国被封在山东境内。但是西周时期,山东并不仅仅只有齐、鲁两个诸侯国，还有一些其他重要的封国。

关于纪国。纪是西周时期山东的一个重要诸侯国。它跟齐国一样也是姜姓国，其都城在现在的寿光。在寿光有一个纪公台，出土过一件西周青铜钟，上有"纪侯"名字。西周金文中"纪"有两种写法："己"与"㠱"。纪侯钟的"纪"即作"己"。有关纪侯的铜器还见于莱阳前河前出土的纪侯壶，其铭云："己侯作铸壶，使小臣以汲，永宝用。"此外，在烟台芝罘区的上夼还发现了两件西周晚期的纪侯鼎，铭文分别作"己"和"㠱"，说明两字可以互通。纪侯器从寿光到莱阳直到烟台等地都有发现，足见纪国统辖的范围之大。就重要性看，纪国不如齐国，但纪国的领域之大够得上齐国。纪国所辖的这个范围，在考古学上大概可以用珍珠门文化来概括。

关于姜姓国。很多人认为，山东的齐国姜姓是由于姜太公封在这里，甚至有些古书也这么说。其实，姜姓在山东的历史要悠久得多。根据《国语·周语》可知，周太王古公亶父的妻子太姜是逢伯陵的后裔，而据《晏子》等文献可知，逢伯陵在商代就已在临淄一带。由此可见，姜姓在商代就在山东，也就是说，在太公封齐之前，齐地早已是姜姓的地域。《史记·齐世家》说太公是"东海上人"。周武王把太公封到齐国，正是因为这里是姜姓的老根据地。所以，我们谈论齐文化，应该追根溯源，不能仅仅停留在姜太公封齐之后，这是一个值得重视的问题。

关于莱国。据古书记载，姜太公初封齐时，他拼命往封地营丘奔走，因为他预料可能会有人与他争这块封地。结果真的遇到了"莱侯来伐,与之争营丘"。莱也是西周时期山东的一个重要诸侯国,都城在现今的龙口。在龙口灰(归)城遗址里曾出土过西周的青铜器,铭文有"釐",即"莱"字。莱是子姓国,是商朝的同姓,在商朝的晚期已经存在,西周时期长期与齐为敌,直到春秋时期,才被齐所灭。

关于滕国。西周时期,山东西南部的诸侯国,除了鲁国以外,还有滕国比较重要。滕为姬姓国,是文王庶子滕叔绣的封国。考古工作者在滕州发掘的庄里西墓葬群,推测就是滕国公族的墓,内中出土有大量从西周到战国的青铜器。多件铭文有"滕公"字样,滕公就是滕叔绣。

现在,我们再来横着看山东地区在西周时期的封国。其西南地区有鲁国,鲁国南面有滕国,鲁国的东面有齐国,齐国以东有纪国,纪国的北面是莱国。滕以南还有许多小国,就不说了。这样,我们对西周时期山东的情况就比较清楚。这里有一点需要强调的是,西周在山东地区的统治主要是建立在商朝对东夷的征伐基础之上的。西周继承了商朝,并扩大了统治,直到最后东夷完全融汇到西周文化里了。

最后想谈谈周王朝与山东地区诸侯国之间的关系问题。多年来我个人一直反对所谓"秦始皇统一中国"这个提法,我认为这个提法应该再加一个"再"字,叫"秦始皇再统一中国"。为什么这么说呢?因为在秦始皇之前的夏、商、周三代都是统一的,只不过那时的统一没有秦兼并时那么完整严密而已。但必须指出的是,夏、商、周三朝的政教影响到了相当广大的地区。就西周来说,大家可能会注意到,西周时期,不管什么地方出土的青铜器，其铭文的字体都一样，如出一手。如北京房山琉璃河出土的燕国青铜器，与陕西、湖北、江苏等地出土的青铜器几乎一样，这就反映了西周王朝的统一性。这种西周青铜器统一的局面，到了东周便不统一了，由于东周时王朝政教的势力弱了，所以青铜器上的铭文字体也是千奇百怪，反映出它的分裂。

西周王朝的统一性，在山东又有什么反映呢？这里可以举出例子。如在山东的济阳刘台子发现了一个西周早期的墓葬群，墓葬中出土了许多陶器、青铜器，还有甲骨，等等。其中青铜器有王室所作的，由此可见，当地济阳与周王的关系非同一般。鲁国与周朝的亲密关系不必说了，齐国与周朝的关系也相当密切。齐国自太公以下五世死后都不是埋在齐国，而是埋在周，作为周王的从葬，可见齐国与周朝关系之特殊。《左传·僖公四年》记载齐桓公的话说，齐国自太公以来，周朝就给予特权，说："五侯九伯，汝实征之，以夹辅周室。"说明齐国在周朝心目中有重要位置。

到了春秋时期，诸侯与周王室的关系已开始疏远，但山东各诸侯仍与王室保持着相当程度的联系。我们这里可举不其簋的故事为例。不其簋这个青铜器是秦人所作，过去只有一个盖传世，最先由罗振玉收藏，现藏中国历史博物馆。这个盖上有一篇长篇铭文，记载了不其受周王之命与猃狁作战，最后获得了胜利的经过。可惜的是器身一直没有见到。到了1980年，忽然在山东滕州的后荆沟挖出了一个墓，内中出有两个簋，全是有身有盖的。其中第一个簋身内发现了"不其"铭文。有趣的是，不仅这个簋身上的"不其"铭文与中国历史博物馆的不其簋盖上的"不其"铭文一致，而且这个不其簋器口的尺寸与中国历史博物馆的不其簋的盖口尺寸也完全一致，都是23.2厘米，纹饰也一样。因此，历史博物馆的盖，很可能正是后荆沟那个簋的原盖。过去，我曾撰文指出，不其簋是最早的秦器，器主是秦庄公其，"不其"的"不"是发声词，"不其"就是"其"。不其簋所记的战争年代应为周宣王四年或六年（前824或前822）。

令人感到不解的是，秦国的铜器怎么会跑到滕州来呢？而且还后配了一个盖？不但是配了一个盖，而且还另仿了一个整簋，盖、身齐全。这是怎么回事？这个谜20年来一直没有得到很好的解答。然而最近终于给了我们揭开这个谜底的机会。

前几天（2002年4月21日）我和江林昌博士到滕州博物馆参观，在那儿我们看到，不其簋的那个后配的盖上也有字，提到当地的国君娶了周王的女儿为妻。原来，在春秋早年，秦国是秦武公当政，考古工作者在陕西宝鸡发现了秦武公的青铜器，其铭文记载了秦武公的妻子也是周王的女儿，称"王姬"。于是，我们就可以有一个推测，即秦武公与这里的国君是连襟，有人叫"一担挑"。因为这样的亲戚关系，青铜器就有可能作为贵重礼物进行馈赠。结果，秦武公祖先的青铜器不其簋就来到了山东，配了盖，铸了字，还配了另一套簋，最后又作为重器随葬，于是有了1980年后荆沟两套簋的出土。

这个故事，包括一些想象的成分，不一定准确。可是故事告诉我们一个事实，就是西周时代的山东诸侯国，一直到春秋时期,仍与周王朝有婚姻关系,联系紧密。这是我们过去所想象不到的。

以上五个问题,概括起来是想说明一点,即山东地区在整个夏商周时期都是极其重要的,山东古文化在整个中国文明史进程中,有其特殊的地位。

原载《烟台大学学报》(哲学社会科学版)2002年第3期

青铜器与山西古代史的关系

大家知道，青铜器的研究这些年发展是比较快的。可以说1949年以来在考古学研究各个分支里，青铜器研究发展比较快。实际对青铜器的研究不是近几十年开始的，如追本求源，应该汉朝就有。西汉时候的张敞就曾经考释过金文。他考释的尸臣鼎铭在史书里留下来，我们看基本是正确的，可见当时的人对青铜器的文字有一定的研究。像作《说文》的许慎这些人，就更不用说了。到了北宋的时候，青铜器有专门研究的著作，有专门的图录，如吕大临的《考古图》。它的体例，我们今天基本还是沿袭的，因为它又有器形，又有铭文，还有释文，有尺寸，有重量，我们现在的图录一般还没有重量。吕大临的《考古图》连重量都有，什么时间出土的、什么人收藏的全有。今天我们的图录，也不过是这样。到清代，这门学问大盛。可是一直到1949年为止，青铜器的绝大部分不是经过科学发掘的。当然，1949年前也有些发掘，如殷墟、辉县、汲县（今卫辉）等。这些发掘也出了些青铜器。可是这些发掘得到的东西毕竟是有限的，数量不太多。1949年前15次殷墟发掘，在小屯出土的，加上侯家庄出土的礼器，不过200多件。近年在小屯发现的妇好墓，一墓就出土200多件。所以一直到中华人民共和国成立为止，尽管在青铜器研究上有很大的成绩，可是总是有个局限性，就是材料多数是传世品，没有科学发掘记录。现在我们博物馆里的青铜器,多数是科学发掘的东西或是经过清理的,这些材料的宝贵性,跟过去的材料就完全不同了。

中华人民共和国成立三十周年的时候,我在《文物》1979年第10期上写了一个小稿子,提出了一个看法,就是我们的青铜器研究已经进入一个新阶段。是不是可以说,现在我们达到这么一种可能性,就是以考古材料为主进行青铜器的研究?过去以传世的东西为基础来进行研究,是当时客观条件不允许,今天我们就有可能以考古材料为基础来进行研究,这是一个新的阶段。因此,青铜器的研究就是考古学研究的一个组成部分。我们可以通过考古得来的材料研究各地方的古代史。为古史填补非常宝贵的材料。

现在我们可以提这样一个问题:通过这些年的考古,包括过去一些传世品,跟山西有关的青铜器能提出哪些线索?这个问题不是我的能力所能答复的,我只不过提出问题,向大家请教。我想研究我们古代的文化,有几个问题都与我们研究青铜器有关。

第一个问题,就是我们的青铜器的起源。中国的青铜器有一点是公认的,就是有它自己的传统。这一点过去有人曾经想否认,但是否认不了。中国青铜器跟外国的就是不一样,不但和遥远的外国,就是跟周围的一些地区的青铜器也有区别。比如有一位海外学者,让我看一张照片,这件东西好像一个戈,可是有两个蛇头,蛇身上一点花纹也没有,光溜溜的。看了以后,我就觉得不是中国的东西,中国不可能有这种风格,后来听说可能是东南亚的器物。中国青铜器确实有自己的独特风格和传统。

记得在 20 世纪 50 年代的时候,陈梦家先生写了一篇文章,叫《殷代铜器》,在《考古学报》上发表。他说我们现在研究商代铜器,还不能区别商代铜器的早、中、晚,而且我们也不知道商代铜器怎样发展。实际上那个时候已经发现了早于殷墟的铜器,如辉县琉璃阁、郑州等,不过还没有认出来。发现二里岗期的青铜器,是 1949 年以后一个重大成果,证明了殷墟以前有二里岗期的青铜器。后来又有更新的发现,在偃师二里头出土了一些青铜器,不管它怎样粗糙和小,但证明了比二里岗还要早,这就为解决青铜器的起源提供了一个很重要的线索。

相当于二里头的文化,我认为山西是相当丰富的,不仅是河南有。如夏县东下冯发现做铜器的范,说明这里有铸造铜器的地方,这就为解决青铜器的起源又推进了一步。对这样的发现不能低估,它比二里岗早,而且它是青铜文化。不管你如何估计这个文化,它总是与夏的文献记载有相重叠的地方,它与文献记载的夏的活动地点是相吻合的。不要因为量的问题而否认它的意义,如没有一定的历史背景,一件东西造不出来,它不能是偶然的。

以偃师二里头来看,我个人认为,当时的铜器不仅是我们现在看到的那么个小铜爵之类。为什么这么说呢?不要看一个小爵,其形制相当复杂,如没有相当的技术做不成。再看二里头出的戈。两件戈两个样,一个是直内,一个是曲内;一个有花纹,一个没有花纹。另外有一件戚,是平头的。说明当时的青铜锋刃器绝不是原始的。青铜戈有上下阑,石器是做不到的。

再看二里头出的圆牌状器，上有几十个镶绿松石的十字形纹，而且做出槽子来，这更了不起，技术是很高的，和上海博物馆所藏的一件铜钺花纹相似。所以我个人认为，二里头文化的青铜技术完全可以做出比较大型的、复杂的东西来。为什么没有发现呢？因为截至目前我们没有发现这个阶段或相当这个阶段的比较大型的墓葬，如发现这样的墓葬并出土有青铜器，就绝不是一个小铜爵了。解决这个问题，河南有希望，山西同样也有希望。

目前已经证明，我国最早的青铜器可追溯到甘肃仰韶文化的马家窑类型。《考古学报》1981年第3期北京钢铁学院冶金史组《中国早期铜器的初步研究》文中发表的甘肃东乡林家的青铜刀，是迄今所知最早的一件青铜器。问题是怎样把早期铜器发展的线索，在考古学上整理清楚。我们希望在像太谷白燕这样从龙山到商代各阶段都有的遗址里，能发现与解决这一问题有关的一些链环。

第二个问题，谈谈商代。商代牵扯到这样一个问题，就是商文化究竟分布有多广；与此有关的，商朝的统治区域究竟有多大。这个问题跟青铜器研究有关。从清朝末年以来，有一种概念，认为商朝的统治区域很小很小。小到什么程度呢？据说基本上是山东、河北、河南交界。商朝的统治能否到山西省，过去有人就有不同意见。王国维先生就是这么说的，他认为商朝怎么大，也超不过黄河流域的中游地区。王先生是我们尊敬的一位老前辈，是不是他说错了？也不是。因为他那个时代发现商朝文物也确实在那一块。可是今天我们不能再这样认识了，因为有些发现确实使我们解放思想，比如湖北黄陂盘龙城遗址，它出的东西、它的墓葬，都和郑州没什么区别。20世纪50年代出过一本陕西省的《青铜器图释》，内有两件青铜器是二里岗期的，当时估计是从外省流去的。可是现在陕西的二里岗期器物太多了，如周原是周的老家，就出相当二里岗期的东西。新编的《陕西出土商周青铜器》已收录了丰富的材料。

既然陕西可以出二里岗期的东西，山西更可以出了。二里岗期的商文化在山西完全应该有，事实上也已有发现。谈到殷墟期，应该说是不成问题，从文献上看，山西，至少是东南部，本来是商朝王畿的一部分。文献记载，商朝在这里有几个封国，最主要的是箕子的箕。微子的微还有争论，箕没有人说是在山西以外，比较占优势的说法是在榆社，我个人是拥护这个说法的，这是阎若璩的论点。从出土的青铜器来看，完全可以说明。前几年我写了一篇小稿子，题为"北京、辽宁出土铜器与周初的燕"（《考古》1975年第5期），曾论证了这一点。还有一个是黎。《说文》作"䣌"，其地在上党东北。这个商朝诸侯国的名字已经在周原甲骨上找到了，字的写法与《说文》相同。黎是商朝在山西的屏障，所以它被消灭，商的朝廷就震动了，到处奔走相告，详见《尚书》里的《西伯戡黎》。因此，不能说山西在西周时才开化起来，进入文明时代，不是这样的，而是在商代的时候就开化，有悠久的历史。此外，从现在出土的青铜器我们还可以看见有些很有意思的线索，如长子出的青铜器，有"翼子"。这个"翼"字在甲骨文的地名里同样存在，字从"止"，我认为就是文献中的"翼"。

以上这些对我们有一个启示,过去认为商朝的那个范围太小了,现在我们有充分的理由和线索,认为商朝的统治区域是很大的。如说它的文化影响所及,范围就更大了。在这种情况下,山西对研究商代的历史可以提供很重要的资料。"翼子"的青铜器在安徽屯溪的西周墓中出了一件。为什么在安徽出这样的青铜器?会不会是商朝的贵族有后裔封在那里,或者是被俘虏到那个地方,或者是其他什么原因?这一类青铜器的流传不是偶然的,不能认为没有规律。

再有一个地方实在是值得注意,就是石楼。石楼出土商代铜器的地点太多了,已背不过来了,如二郎坡、桃花庄、后兰家沟、义牒等,还没有一个县出土同一个时期的商代青铜器这么多的。我认为,石楼出土的青铜器,基本上是殷墟前期的东西,没有太晚的。为什么那个时候这地方这么盛,而且有好多个点出?我觉得这个地方实在宝贵。如从地图上看,也觉得这个地方很重要。石楼这个地方最早的地名叫"土军"。研究甲骨文的学者多说"土方"在山西。"土军"这个地名很怪,与"土方"有没有关系?值得考虑。石楼出土的青铜器有两个特点,一个是带有北方民族的特色,如勺柄带蛇头、兽头等,旁边还有小环,这当然是北方的特色;还有刀,上有乳钉纹,也带有北方特色;金耳环的地方色彩就更浓厚了。再一个特点是有些东西叫不上名来,如所谓铎形器,不能认为它是商文化的普遍东西。有一点我希望大家注意一下,石楼褚家峪出过一个有銎戈,上有这样一个字,即"ψ"。这个字见于殷墟甲骨,怎么念,大家可以研究。它既有时代性,又有历史意义。类似的戈在殷墟出土过，一件出于西北冈 1001 大墓殉坑 6，一件出于小屯 E16 坑，同时又出于西北冈 1004 大墓。1001 大墓很多人认为是武丁的墓，大家知道，武丁就是打土方的。E16 坑所出甲骨为武丁至祖甲时，1004 大墓则略晚于 1001 大墓。因此，这件有銎戈在石楼出现，把当地与殷墟联系起来了。

第三个问题，是关于西周。我在山西省博物馆亲眼看到了洪洞坊堆那块带字的卜骨，这是我多年的愿望，因为我在 1956 年写过一篇文章，就讲到这片卜骨。这片骨头的意义很大，是第一次发现西周的甲骨文，在历史上是不可磨灭的。根据《山

图 8-3　洪洞坊堆卜骨摹本

西出土文物》所录摹本（图 8-3）[1]，卜辞是"疒，囟（思，斯）疒，三止又（有）疾，贞。"并有标记卜兆位置的刻线。遗憾的是没能翻过来看看背面的钻凿。为什么说它意义重大呢？商代的甲骨带字的，截至目前就两个地方，一个是殷墟，一个是郑州。郑州的两片还是采集品，没有地层关系。过去有些传说，说山西出过甲骨文，可是没有证明。据说河北藁城台西过去挖出过骨头，上面有小人等类的东西，但只是传说，没有看见过。所以虽然商代遗址都可以出甲骨，但有字甲骨必须在重要的遗址里才能得到。西周甲骨文也是一样，已知的几个出土地点，如第一是洪洞坊堆，第二是长安沣镐，第三是北京的昌平白浮，第四是岐山、扶风的周原。沣镐是西周的首都；昌平白浮近于燕国的都邑，是西周初年的重要封国；周原是周人的老家，西周时周公的封邑。所以甲骨文只能在重要的遗址出土，不是一个了不起的地方不能出。为什么洪洞出？这需要研究，洪洞在西周前期一定是重要的地方，能与周原、沣镐、燕国相比拟。

晋国的历史文化，很值得专门研究。因为晋国跟鲁、卫、齐等是西周最主要的封国，各有各的社会基础。鲁、卫是在商朝遗民的基础上建立起来的，即所谓"殷民七族"和"殷民六族"。晋国建立的基础是"怀姓九宗"，既不是商人，也不是周人，而是当时的少数民族。晋国一向戎狄很多，是华夏和戎狄杂居交错的地方。既然晋国少数民族占很大比例，就应从考古的角度找出其文化特色。比如江西清江发现的商代遗址，是长

---

[1] 山西省文物工作委员会编：《山西出土文物》，1980 年，图版 60。

江以南最重要的，很明确是两种文化交错的，带有浓厚的地方特色。所以晋国的某些遗址或遗物也应在一定程度上反映出地方特色。我看山西不少青铜时代的东西，不管是陶器，还是青铜器，都是有地方特色的，就连贵族礼器上的一些花纹，也有和其他地方不同的。这些地方特色如何反映晋国国家的构造，我觉得值得研究。

晋国在春秋时代是最先进的。我们看《左传》，晋国的材料最多，《国语》也是这样。有人说也许左丘明得到晋国的材料多，我认为这是由于晋国当时的发达。所以吴国和楚国打仗，向晋国来求援。代县、原平等地出土的吴国青铜器，是馈赠品，晋国教给吴国军事技术，所以吴国把器物馈赠晋国。晋国的青铜器都很好，特别是春秋晚期到战国初年，花纹像浮雕那样，那么漂亮，那么精美，说明当时文化和经济的发展。北方的错金，显然是从晋国开始的，如传浑源出的少虡剑，我曾经看见过，完整无损，虽然锈了，但错金的字仍然跟新做的一样。这几年新发掘的青铜器，如闻喜上郭、万荣庙前、侯马上马、新绛东柳泉等批，也都各有千秋。

晋曾先后吞并不少小国，它们的青铜器也时有发现。

近年征集的虞候政壶，据形制及字体系东周初年之物。"虞"字写法与今字同，过去著录的虞司寇伯吹壶也是这样。

1974年在闻喜上郭村出土的两件匜均自名为"㿿"，此字疑从"虎"省声，读为"匜"。两器的作者，一为荀侯（《山西出土文物》图版66），一为贾子（同上图版67，图8-4），从形制、花纹及字体看，同为春秋早期器。按荀国、贾国均见于

图 8-4 贾子匜铭文

《左传·桓公九年》:"秋,虢仲、芮伯、梁伯、荀侯、贾伯伐曲沃。"荀在新绛西,贾在襄汾西南,后皆灭于晋。这两件匜出于闻喜,和荀、贾地望相近。

最后,附带说一下侯马盟书。从古文字学来说,侯马盟书非常重要,因为系统的手写文字,它是最早的。当然甲骨文也有些手写的,西周的青铜器、陶器上也有极个别是手写的,但都太少。系统的手写成文的东西,侯马盟书是最早的,这就使我们看见了当时手写的字是什么样的。这地方我想提个看法,我认为某些晋国青铜器(如少虡剑、君子鸟尊、智君子鉴等)上的字,包括侯马盟书,就是所谓科斗文。"科斗文"这个词见于孔安国《尚书序》。当然对孔安国的序有不同的看法,可是这个词一直到今天我们还在用。序中说,古文《尚书》的文字是大肚子,有尾巴,形如蝌蚪,所以叫"科斗文"。孔安国整理这些文字,用隶字写下来,叫"隶古定"。我们现在看不到古文《尚书》竹简了,但是现在我们看到的晋国的上述文字,与当时竹简上的字正好具有共同的特征。

汉代研究的古文字,主要是战国的竹简。秦始皇"焚书坑儒",禁止《诗》《书》百家语,所以收藏经典的人有的就把书藏起来了。藏的方法也很简单,就是在夯土墙上挖个洞,把书藏在里边,然后用泥封起来。到了秦亡之后,汉惠帝四年解除了《挟书律》,有些人就把藏的书从洞里挖出来了。有些人没有书,凭脑子记,比如伏生,他是传《尚书》的,汉初已90多岁,朝廷知道后就派晁错去学习。伏生是山东人,晁错是河南人,说话不懂,只记下了28篇,这就是今文《尚书》。古文经有两部书是最重要的,一部是《左传》,一部是《尚书》。《左传》是汉朝的北平侯张苍献出来的。鲁恭王拆除孔家的旧房时拆出了古文竹简,什么内容,说法不一,但肯定有一种是《礼记》,一种是《尚书》。《尚书》比伏生口传的多,叫古文《尚书》。这部《尚书》贡献给了朝廷,朝廷给了博士孔安国。

为什么讲这些呢?因为跟山西有关。据记载,《左传》由左丘明传给了子夏(卜商),子夏传给吴起,又传给荀卿,荀卿又传给张苍,这些人大部分与三晋有关系。子夏是卫国人,当了魏文侯的老师,他培养了一大批人。吴起做过魏国的官,打过中山。这些人就是传《左传》的。

汉代发现的古文竹简我们看不到,但竹简上的某些字今天还传留下来。三国魏的时候刻了三体石经,包括《尚书》《左传》，里面有古文。这种石经，近代有一些残石出土。到五代末北宋初郭忠恕编了《汗简》，这是一部古文的字汇。有人不相信，说它是杜撰的，如"君"字写作"𢎥"，我们今天看到侯马盟书就是这样写法，这说明过去批评三体石经和《汗简》的人没有看过这样的字。可是我们仔细一想，古文就应该是这种字。古文《尚书》《左传》是战国时期的写本，为什么不用当时的字来写呢？从汉朝开始，一直到北宋初，古文字研究主要是研究这种古文。为什么有些宋代学者，如欧阳修、吕大临、赵明诚、薛尚功等，能认识商周的字？他们根据的就是这种古文。现在发现了侯马盟书，就把三体石经和《汗简》复活了。

原载《山西文物》1982 年第 1 期

蜀文化神秘面纱的揭开

1986年,中国考古学的一条新讯息迅速传遍了世界:四川广汉的三星堆发现了两座时代相当商朝晚期的器物坑,出土了许许多多青铜器、金器、玉石器、陶器、骨器、象牙、海贝等文物,光怪陆离,得未曾有。大量文物经过整理修复,先后在本省、在北京,近期还到欧洲几个国家展览。面对着一种相当陌生的古文化,有人惊奇,有人赞叹,也有人怀疑,但更多的人在进行探索。

广汉位于成都平原偏北,是文献中蜀国的核心地区。蜀国的古史本不乏记载材料,西汉扬雄的《蜀王本纪》、东晋常璩的《华阳国志》,均以蜀人叙述蜀史,保存和传流了很多重要的传说。如《华阳国志·蜀志》云:"蜀之为国,肇于人皇,与巴同囿。至黄帝,为其子昌意娶蜀山氏之女,生子高阳,是为帝喾(颛顼之误),封其支庶于蜀,世为侯伯,历夏、商、周。武王伐纣,蜀与焉。"[1]这告诉我们,蜀有其悠久而独立的始源,而在上古时候就与中原有所联系,经夏、商、周三代,都是有一定地位的诸侯国。不少更早的古书中的片断记述,可与此说相印证,但同样赋有神话传说的性质。

在近代的疑古思潮中,上述文献记载受到抨击。有学者认

---

1 常璩撰:《华阳国志校补图注》,任乃强校注,上海古籍出版社,1987年。

为，古时的蜀国本来和中原没有关系，要到春秋战国之间，才同秦国有所交涉。《蜀王本纪》等的说法，是在秦汉大一统思想的影响下制造出来的，必须加以抛弃，方能认识古蜀国的真相。学者间有这种见解，是不足怪的，因为除了传世文献之外，当时缺乏能借以衡量古史传说的手段。不过，在这种见解流行的时候，可以提供衡量手段的考古线索，事实上在成都平原已经出现了。1931年，在广汉三星堆以北的月亮湾，曾经发现过一坑玉石器。1934年，华西大学博物馆在那里做了试掘。随后，在日本的郭沫若先生根据掘获资料，指出它们"一般与华北和中原地区的出土物极相似。这就证明，西蜀（四川）文化很早就与华北、中原地区有文化接触"。他特别提到殷墟甲骨文有"蜀"，并期待"有朝一日四川别处会有新的发现，将展现这个文化分布的广阔范围，并且肯定会出现更可靠的证据"[1]。后来，尤其是近年来成都平原的多次考古发现，果然证实了他的判断。

考古工作和研究显示，蜀国的古文化有其自身的特点和脉络，不可简单地用中原文化的标准为尺度。这说明，顾颉刚先生1941年批评过去的学者"终不肯说这一块地土上的文化在古代独立发展"[2]，是有道理的。但蜀文化又明显地受到中原文化的影响。以三星堆的器物而论，除了若干礼器的形制无疑来自中原之外，种种纹饰更清楚地表现出商文化的色彩，可以说是人所共睹。夏商周时的蜀，绝不是封闭的，蜀道并不真如上青天

1　葛维汉著：《广汉发掘简报》，沈允宁译，陈宗祥校，四川省文物管理委员会、四川省文物考古研究所，1934年。
2　顾颉刚：《古代巴蜀与中原的关系说及其批判》，载《论巴蜀与中原的关系》，四川人民出版社，1981年。

那样艰难。

三星堆等蜀文化的考古发现,开始填补了古代历史文化研究的一块非常重要的空白,好多学者在论著中业已进行阐述。蜀文化的源流太长了,最近在成都平原新津、都江堰、温江、郫县、崇州发现的几座龙山时代城址[1],为上溯蜀文化带来了希望。蜀文化很可能会起源于5 000年以前,甚至"肇于人皇"[2],殊未可知。

这至少在几个方面足以转变我们的观念——

第一,文献传说并非纯属子虚。20世纪20年代,王国维先生《古史新证》即云:"研究中国古史为最纠纷之问题。上古之事,传说与史实混而不分,史实之中固不免有所缘饰,与传说无异,而传说之中亦往往有史实为之素地,二者不易区别,此世界各国之所同也。"[3] 80年代,尹达先生又在为《史前研究》写的《衷心的愿望》里说:"我国古代社会的传说里究竟是否全属伪造?在这些疑说纷纭、似是而非的神话般的古史传说中是否有真正的社会历史的素地?我们能不能因此而对祖国的远古社会采取虚无主义的态度?这就成为值得我们深思的重要问题。"[4] 与文献联系,蜀文化的发现和研究能够引导我们进行一系列方法论性质的思考。

1　《成都史前城址发掘又获重大成果》,《中国文物报》1997年1月19日第1版。
2　传说三皇各治世几万年,类似说法也见于世界其他古代文明,如苏美尔,参看T. 雅各布森编著:《苏美尔王表》,郑殿华译,三联书店,1989年。
3　王国维著:《古史新证——王国维最后的讲义》,清华大学出版社,1994年。
4　中国社会科学院历史研究所中国史学史研究室编:《尹达史学论著选集》,人民出版社,1989年。

第二，中国古代文明并非单源。三星堆的重大发现，以客观的事实指示我们，当时非中原地区的文化也会相当发达。大家都注意到，三星堆及别的一些地点的蜀文化青铜器，尽管铸造工艺尚不够成熟，却体现出强大的创造力和丰富的美术思维。因此，较之中原和荆楚（今湖北、湖南）的青铜器，别有引人之处。蜀文化对中国文明的贡献，很值得深入探讨。

第三，蜀国及其文化并非隔绝孤立。这一点，上文已有提及。这里要进一步指出的是，成都平原以其地理位置，实为西南交通的重要枢纽，且与近时许多学者艳称的"西南丝绸之路"[1]极有关系。越南北部前些时出土的玉牙璋，便和广汉月亮湾、三星堆所出最为相近。我曾设想，中原商文化的影响从长江中游的荆楚进入四川，由之与西南丝绸之路连接[2]。这样看来，蜀文化的发现和研究还有着更深远的意义。

原载《寻根》1997 年第 4 期

---

[1] 参看伍加伦、江玉祥主编：《古代西南丝绸之路研究》，四川大学出版社，1990 年；四川大学历史系编：《中国西南的古代交通与文化》，四川大学出版社，1994 年；邓廷良著：《西南丝绸之路考察札记》，成都出版社，1990 年。

[2] 李学勤：《商代通向东南亚的道路》，载王元化主编《学术集林》（卷一），上海远东出版社，1994 年，第 132—141 页。

第九讲

古代文明与
多学科交叉研究

古代文明研究与"夏商周断代工程"

中国古代文明是人类历史上有数的几大古代文明之一，与美索不达米亚（两河流域）、埃及、印度等文明并称，久为世人所公认。同时，中国文明自远古以来绵续传流，一直没有中断，更是举世无两。中国人所创造的文明对全人类做出了重大贡献，是我们引以为自豪的。

然而，随着欧洲殖民主义的兴起，有些外国人不承认中国古代文明有自己独立的起源。例如 17 世纪中叶，耶稣会士德人祈尔歇（Athanasius Kircher）便提出中国文明源于埃及。他 1667 年在荷兰阿姆斯特丹出版《中国图说》一书，说《圣经》所载的闪的子孙率领埃及人来到中国，把古埃及文字传授给中国人。这以后种种中国文明西来说层出不穷，其共同特点是否认中国文明的古远，不相信辉煌的中国文明是中国人自己创造的。中国学术界也有人受其影响。

中国文明西来说已经成为历史的陈迹了。这种错误观点受到近现代许多学者的批判，特别是现代考古学在中国的建立和发展，以明确的事实驳倒了西来说。应该说，现在国外学术界也很少有人持这种观点。不过，有意无意对中国古代文明贬低的倾向，仍然是存在的。其具体表现有两方面：一是把中国文明的历史估计过短，二是对中国文明发展的高度估计过低。例如若干外国著作所附世界古代文明的年表，常将中国文明的上限划在公元前13世纪,即盘庚迁殷以后的商代后期。这是因为有殷墟及甲骨文的发现,商代后期的文明无法否定,更早便被视为一片空白了。这样做,抹杀了近几十年中国考古学、历史学研究的成果,实在是不公平的。

对于世界上各个古代文明的研究,都要以考古学的材料为主要依据。从19世纪到20世纪前期,埃及、美索不达米亚等地区的考古发掘收获丰富,埃及学、亚述学等学科迅速发展,扩充了人类的知识领域。中国的现代考古学起步较晚,中国人自己组织的田野发掘20世纪20年代后期才开始。中华人民共和国成立之后,考古工作很快开展,尤其是近年改革开放以来,突飞猛进,有许多重大发现,以致英国有名的考古学史专家丹尼尔说:在今后几十年间中国的发现将是考古学最有关键意义的进展[1]。当前根据考古学的成果深入探讨中国古代文明的条件已经成熟,有可能经过努力,重新展现中国古代文明的灿烂辉煌。这不仅在学术上有非常重要的价值,对于我国的社会主义精神文明建设,特别是爱国主义教育,也有重大的意义。

要在中国古代文明的探讨中开拓新局面,必须在研究途径和方法上取得突破。不少学者业已意识到,研究中国文明的起源和发展需要多学科的联合协同。1982年,我在一篇小文中曾说:"现在对中国古代文明的估价是不够的,应该把考古学的成果和文献的科学研究更好地结合起来,对中国古代文明做出

1　Glyn Daniel, *A Short History of Archaeology* (Thames and Hudson, 1981), p.211.

实事求是的重新估价。"[1] 今天回顾起来，这只涉及历史学、考古学及古文字学，仍然是局限于文科的老路。实际上，运用现代科技的方法和手段，对推进中国古代文明的研究是十分重要的关键。

以下拟从四个方面论述这一问题。

（一）文字材料的绝对年代的研究

探讨古代文明，重建古史，需要确定时间的尺度，这属于年代学的研究问题。在此先谈根据文字材料所做的绝对年代的研究。

各国的古代文明，每每有传世的年表，如埃及就有各王朝的列王表。中国也有这种年表，人所熟知的是司马迁《史记》的表，包括《三代世表》《十二诸侯年表》《六国年表》等等。司马迁说过，他所见谍记，"黄帝以来皆有年数"，但记载有所不同，所以他的《三代世表》只记世系，没有标明年数。《十二诸侯年表》以下则有确切年数，始于西周晚期的共和元年，这一年可推定为公元前841年。海内外历史学者都说中国古史的确切纪年开始在公元前841年，即由此故。

历代学者为上推周共和以前的纪年，做过大量的工作。他们搜集典籍中的有关记载，企图恢复古史的编年体系，但由于材料有限，虽然经过无数次试验，终不能有坚实的基础。人们怀疑古史，甚至说"东周以上无史"，这也是一方面的原因。我认为今后这方面的研究，应有以下三点：

---

[1] 李学勤：《重新估价中国古代文明》，载人文杂志编辑委员会编《先秦史论文集》，人文杂志编辑部，1982年，第8页。

（1）对传世文献材料，进行严格的整理分析，首先确定材料的形成时代及真伪。这需要文献学的知识，也需要用现代科学方法来鉴定。如《诗经·小雅·十月之交》所记历朔及日食，在年代学上相当重要，但这次日食在西周末的幽王六年（公元前776）9月6日，黄河流域是否可见？如在黄河一带食分太小，在国内何处可见？都是值得推算的问题。

（2）出土的古文字材料，如甲骨文、金文、简帛等，是年代学研究极重要的依据。已有不少学者对甲骨文中商代日月食等天象记录做过研究，并试图根据甲骨文建立商代后期的历谱，根据金文建立西周的历谱。有关问题需要天文历法的专家和古文字学家密切合作，以求达到准确的结论。

（3）深入开展古代天文历法的研究，为加强年代学的有关探讨提供更好的基础。近年若干考古发现，为解决一些久悬未决的疑难提供了线索，例如山西曲沃北赵的西周晚期晋侯苏编钟等，可能解决"月相"的难题，同时确定西周晚期的纪年。

（二）考古材料的绝对年代的测定

很多考古发现的材料，可以用现代科学方法测定其绝对年代。这种研究的肇端，是1950年利比（W. F. Libby）用放射性碳14测定年代方法的发明。这一方法在考古学上的应用，曾使欧洲考古学面貌一新，被称为"放射性碳素的革命"；对其他地区的考古学，包括中国，也有很大的影响。

碳14测定年代的方法，很早就被介绍到国内。1955年，即这一方法发明后不过几年，长期担任中国科学院考古研究所

（今属中国社会科学院）领导的夏鼐先生在《考古通讯》上写了《放射性同位素在考古学上的应用》一文。随后，在考古所建立了专门的实验室。1962年，仇士华、蔡莲珍两先生在《考古》上发表了《放射性碳素断代介绍》。大家说的"科技考古"，就这样在我国开始发展起来。

（三）考古学的相对年代的研究

考古学本身的理论和方法，可以推定考古文化的相对年代，并对文化做必要的分期。近年由于全国各地考古工作的开展，考古学界进行了卓有成效的研究，国内大部地区的文化序列已经比较清楚了。

考古学的相对年代研究，有必要和绝对年代的测定结合起来。近年考古学家已充分注意这一问题，所出版的考古报告，总是尽量收入有关测定的结果。限于客观条件，这方面的工作尚有不足，但已是很好的开端。

结合现代科技测定方面的不足，会影响考古学的研究进展。例如20世纪80年代四川广汉三星堆两座器物坑的发掘，震动了国内外学术界，然而迄今对器物坑的年代仍有较大争论。国内外都有作品主张两坑不是商代的，而是西周，甚至东周的，使我们对古代蜀文化的认识不能澄清。如果对坑中遗存多做测定，问题应当是不难解答的。

综上所述，对中国古代文明的探索，特别是作为历史标尺的年代学的研究，只以单一学科进行，限于一个角度、一个层面，是远远不够的。今天我们研究古代的年代学，必须跳出前人的窠臼，走自然科学与人文、社会科学相结合的新路。

(四)"夏商周断代工程"与多学科结合

最近,国家决定实施"夏商周断代工程",列为"九五"重点。1996年5月16日,李铁映、宋健同志主持了"夏商周断代工程"的汇报会,这项规模宏大的工程已正式启动。

宋健同志在这次会议上的讲话《超越疑古,走出迷茫》,已经在《科技日报》《光明日报》等发表。宋健同志指出:"经过100多年数代人的努力,特别是最近40多年卓有成效的工作,中国的古代史研究已取得极其丰富的成就。处于世纪之交的'九五'期间,应该做一个总结,对三代纪年这个关键问题归纳出一个轮廓。"

为完成这一任务,"夏商周断代工程"设计建立了9个课题。这些课题尽可能做到多学科结合,所包括的学科有历史学、文献学、考古学、古文字学、历史地理学、世界古代史、天文学、测年技术等。

在文献学方面,准备尽量辑集历代典籍中有关夏商周年代和天象的材料,建成电脑资料库。对其中有重要意义的文献,进行考订分析,确定其可信程度及使用价值。

在考古学方面,对有代表性的夏商西周遗存进行系统研究,确立分期和相对年代序列,为用现代科学技术测年提供文化属性与层位明确的系列标本。

在古文字学方面,结合考古学研究,做好甲骨文、金文分期,选取适当标本,以供天文历法研究或测年。

在历史地理学方面,进一步研究文献中有关都城的地理位置,与考古调查发掘相结合,推定若干城址的性质。

在世界古代史方面，介绍和研究中国以外各古代文明年代学的成果和趋向，为本项目工作提供借鉴。

在天文学方面，总结天文年代学已有成果，推算确定若干绝对年代，并根据文献与古文字材料，建立商后期、西周历谱。

在测年技术方面，改进碳 14 测年方法，包括常规法和加速器质谱法，达到高精度测定。与考古学者合作采样和分析所得测试数据。

所有课题的研究成果，将与历史学研究联系，进行概括和综合。

以上就各个学科分别叙述，实际上，大多数专题都是由不同学科的专家学者共同承担的。相信这将为我国自然科学与人文、社会科学的结合开拓一条道路。

中国古代文明的研究探索，范围十分广阔。在"夏商周断代工程"完成以后，我们还有更多的事要做，为 21 世纪人类文化的发展做出贡献。

原载《炎黄文化研究》1996 年第 3 期

文明起源的科学考察

"夏商周断代工程",作为"九五"国家重点科技攻关计划项目,在2000年9月通过专家验收,"工程"的成果《夏商周年表》,新版《辞海》等许多方面都有采用。常有朋友来问:"工程"是不是还有后续,下一步还做什么项目?

可以说,"夏商周断代工程"仅是大规模考察中国古代文明起源及其早期发展的序幕,更广泛、更深入的研究工作正在等待着我们。

为什么要研究古代文明起源,想讲一些个人的看法。

1996年春天制订的《夏商周断代工程可行性论证报告》曾经说明,"工程"的实施,"以自然科学和人文社会科学相结合,兼用考古学和现代科技手段,进行多学科交叉研究,将夏商周时期的年代学进一步科学化、量化,为深入研究我国古代文明的起源和发展打下良好基础"。

马克思曾经说过,他只知道一门科学,就是历史,包括自然史和人类史。这样理解的"历史",几个"起源"问题,都有重大的科学意义。首先是宇宙的起源,从现代科学假说的宇宙大爆炸,到太阳系的形成,属于物理学、天文学;接着是地球的起源和变迁,属于地学;生命的起源和演进,属于生物学;然后是人类的起源问题,属于古人类学,已经同考古学有关系了;最后是文明的起源,属于考古学、历史学范畴。

从野蛮过渡到文明,标志着人类从自然中脱出。这一过渡为什么发生,有哪些动因和条件,通过怎样的途径,造成如何的后果,都是需要探索的课题。可以肯定,古代文明在世界某一个地区独立产生的并不多,例如埃及、两河流域、印度河谷等地,但过渡的情况互有不同,其间有哪些规律性和特异性,各有什么影响,更需要探讨。

中国文明也是独立产生的,由于是唯一传流绵延至今的,因而在世界上有着特殊的位置。外国学者讨论古代文明,限于语言等障碍,一般很少把中国的情况考虑在内。目前流行的考古学上的"文明界说",包括城市、文字、礼仪性建筑、冶金术之类,主要是依据埃及、两河流域等地的现象,与中国古代是否符合,尚有待论证。不管我们对中国文明起源的研究是否支持现有的文明界说,这方面的工作一定会对整个人类文明起源问题做出新的贡献。

有学者主张,中国文明的起源与外国走了不同的途径。历史学家侯外庐先生称前者为"维新",后者为"革命";考古学家张光直先生称前者为"连续",后者为"断裂"。相信经过详细切实的比较研究,会有机会确定此种学说的是与非。

对于中国人来说,追溯自己文明传统的起源,自然有更多的意义。我们常说,中国有五千年的文明史,是否有征可信?传说中的炎黄时代,真相究竟如何? 只要把考察的视野从夏代再向上延伸一千年,就会接触到社会公众关心的这些问题。

研究中国文明起源及其早期发展的过程,必须采取自然科学和人文社会科学结合的方式。"夏商周断代工程"为这种多学科项目积累了一些经验教训，同时也证明，以考古学为基础的多角度、多层面研究，有可能取得突破性成果。比起年代学来，文明起源问题可以集合更多的自然科学及人文社会科学的学科，也能运用更广泛的科技方法和手段。这方面的研究，在达到本身预期的目标外，肯定还会带动不少有关学科的发展。

在新世纪的开端，希望我们赶快为这项极有价值的工作着手准备。

原载《群言》2001 年第 12 期

第十讲

古代文明与学术史

《中国学术史》总序

研究中国学术史、写出一部《中国学术史》的想法，在我的心中酝酿，可说已经有 20 年了。这一设想的萌芽，还是从我多年从事的先秦历史、考古方面研究开始的。记得在"文革"终结后不久的 1981 年，第二次"先秦史学术讨论会"在陕西西安举行，我作了一个题为"重新估价中国古代文明"的发言[1]，其中一节就叫作"学术史与古代文明"。

当时我提到："中国有非常悠久的历史传统。我国的古代文明，是人类创造的有数几大远古文明之一，久已蜚声于世。尽管国内外学术界关于中国古代社会性质有种种不同的见解，当时文明的辉煌绚丽，却没有人能够否认。"特别是考古学所取得的一系列重大成果，使人们对古代中国的认识耳目一新。然而尽管如此，长时期以来对中国古代文明的估价是很不够的，"为什么学术界流行的传统观念总是把中国的古代文明估计得比较迟、比较低呢？我们觉得，这有着深刻的学术史上的原因"。因此，虽然我主要研究的是遥远的古代，却不能不同时将眼光注视到后世甚至是现代的学术史。

这一点对我的业务工作来说，至关重要。我反复考虑，逐渐明白了学术和历史的关系。学术，不论是其整体，还是各个

---

[1] 李学勤：《重新估价中国古代文明》，载人文杂志编辑委员会编《先秦史论文集》，人文杂志编辑部，1982 年，第 1—8 页。

分科，都是在历史上产生的，有着兴起、发展及演变的过程。认识学术，必须放在历史的大背景中去考察；评价学术，也不能离开历史的情况与条件。这样说，当然不是把一切学术都作为意识形态来看待，只是说明学术有着自身的历史，同时又难免受到整个历史的影响和限制。研究学术的历史，从历史的角度看学术，这就是学术史。

在这里需要说一说什么是学术。20世纪80年代有过什么是文化的热烈讨论，那时我曾戏仿禅语说："文化"这个词，不讲人人明白，越讲越不明白。"学术"这个词，或许也是这样。不过在近些年，国内有一种趋势，说学术似乎一定不包括自然科学，学术与科学成了泾渭分明的两个概念。这在字面上、内涵上都是不合适的，用在现代以前的学术上尤其不妥当。有学者主张，科学和技术应该区别开来[1]，这样讲的科学更应算在学术以内。我们讲的学术史，用现代分科来说，包括文科、理科等的历史。

几年前有一场学术与思想的争论。一些论著提出，学术有别于思想，学者不同于思想家，甚至在论文的分类上都有学术与思想两途。揣想这种看法的起源，是要强调理论性、根本性问题的重要，但强将学术、思想划分开来，是不合实际的。我有一次提到，梁启超作《清代学术概论》《中国近三百年学术史》，都专门以思潮相标举。至于后来的思想史著作，核心是哲学史，便不是涵盖全面的学术史了。

1　吴大猷：《近数百年我国科学落后于西方的原因》，《易学与科学》1997年第1期。

真正的学术大家,没有不具有深刻而系统的思想的。历史上的学者,有些于当世文化知识无不通习,如中国的朱子、英国的培根,固不用说;现今的学者,也多在专门的学科之上有其高瞻远瞩的思想观点,连自然科学家也不例外,有谁能说爱因斯坦、斯蒂芬·霍金等不能被称为思想家呢?

人类的知识本来是整体的,学术在任何历史时期也是整体,只是由于具体个人的能力有限,难以窥其大全,才根据知识的结构分立为若干学科。也正因为如此,不同学科有许多交叉搭界、无法割裂之处,而新的学科每每即于学科间的边缘创造出来。全面地、整体地研究学术史,能够更好地看到学科间的关系,也可以更好地了解不同学科学者间的关系。在多学科交叉已成为学术进步趋势的今天,我们的研究更必须注意这一点。

大家知道,学科的精细分化主要是近代的现象,所以研究古代的学术史,特别有必要从整体出发。现在探讨古代学术的作品,一般是以现今的学科作为出发点。例如今天有力学,就在中国历史文献中寻找与现代力学有关的观念和发明,从而构成了中国力学史。这当然是非常有意义的,足以揭示古今学科的关联,并对古代的成就给出估价,然而古代何尝有力学这一学科?有关材料只能由种种文献爬梳辑集,其在当时学术中的位置如何,与当时学术其他方面的关系如何,很难以今天力学的范畴来说明。

由此可见,学术史研究不仅需要是全面的、整体的,还应该是历史的。我们应当按照历史上学术的本来面貌去观察。以前在纪念英国著名学者李约瑟 90 诞辰的研讨会上,李约瑟研究所所长何炳郁教授曾就中国自然科学史研究讲过这样的意见。我觉得，他的见解对整个学术史都是适用的。

中国有研究学术史的优良传统。前文提到的梁启超的两部书，可说是现代意义的学术史专著的开始。另外，章太炎的不少论著，其实也有同样的贡献。至于历史上学术史性质的作品，追溯起来可以早到晚周。中国社会科学院历史研究所卢钟锋先生的《中国传统学术史》[1]，是一部很好的中国学术史史。他所论及的历代学术史性质著作，上起《庄子》的《天下》篇，下讫徐世昌所纂《清儒学案》，有55种之多。分析这一系列著作，不难发现，其中意义最重大、内容最精彩的，无不作于社会及文化的历史发生剧烈转折之际。

产生在周汉间的《庄子·天下》《荀子·非十二子》《韩非子·显学》《淮南子·要略》，以及《史记·太史公自序》所述司马谈《论六家要旨》，分别自儒、道、法等家观点，回顾和总结了先秦诸子百家的学术思想，为后人描绘了这一"枢纽时期"的绚丽画卷。

陆德明《经典释文》一书，草创于南朝末，成书则应下及唐初。其《序录》对汉代以来占主要地位的经学，以及《老》《庄》注释，进行了条分缕析的叙述。"以著述早晚，经义总别，以成次第"，其体例为后来类似作品所遵循。

理学风气兴于宋代，历元至明，发达到了极点。明清之际，学者遭遇了被形容为"天崩地解"的变故，不得不对学风痛加

---

[1] 卢钟锋著：《中国传统学术史》，河南人民出版社，1998年。

反省。此时出现的黄宗羲《明儒学案》和黄宗羲至全祖望多人纂成的《宋元学案》，无论从内涵之丰富还是识见之精卓来看，都堪称传统的学术史作品的顶峰。

更大的历史与文化的变革，众所周知，发生于清末民初。章太炎、梁启超的学术史著作，即应此时运而问世。梁氏的两本专书虽出于 20 世纪 20 年代，但他在 1902 年已有《论中国学术思想变迁之大势》[1] 发表，成为他这方面研究的先声。

自 1902 年到现在，又是一百年了。在新的世纪之交的当口，中国及世界正在经历更深刻、更重大的变迁。面对新的挑战，我们的学术界已经意识到有再次回顾和反省的必要。我想，这便是近几年学术史工作，包括材料的整理、个案的讨论、分科的总结、整体的鸟瞰，一下子都成为热门的原因。

当前要做的学术史研究工作，以我的陋见，不妨归纳为两条：一条是重写学术史，另一条是续写或新写学术史。

历史作为已成既往的客观真实，是不能加以改变的，而对历史的认识和评价，却因学者所凭借的材料、所依据的理论及方法，经常变易更新。如不久前在上海的一次学术会议上不少先生指出的，目前重写学术史的条件已经是具备了。

就我个人长期投入的学科领域来说，近年田野考古发现的古代简帛佚籍，其性质实在是令人深感震撼的。这大量的宝贵发现，使晚清以来在疑古思潮影响下形成的好多学术史观点，顿时不能成立了。过去被认为没有什么可供论述的，如孔孟之

---

[1] 梁启超撰：《论中国学术思想变迁之大势》，上海古籍出版社，2001 年。

间的儒学、黄老一派的道家、数术与兵阴阳家等等,都有了足以凭信的材料。涉及先秦"枢纽时期"的学术史问题,很自然地又影响到对秦汉以下各代学术流变的看法。关系着历朝学者争论不息的若干疑难,像汉学、宋学的问题,今文学、古文学的问题,等等,都有了重加考虑的必要。当然,这只不过是为了表明学术史应该重写而举的一个例子。

相对于古代学术史来说,近现代学术史自有其特殊的重要性。不管是汉宋学问题、今古文问题,还是什么,与当前学术的关系均已淡远,即使是梁启超著作中畅论的种种,和今天也有距离。与今天的学术存在直接联系的,乃是近百年的学术史,这便不是重写,而是续写或者说新写学术史的问题了。

研究历史的人都能理解,讲现代的学术史重要,不等于现代以前的学术史不重要。历史研究的价值,正建立在历史本身的连续绵延之上。特别是我们中国的历史文化,由上古至今传统未曾断绝,研究近现代学术仍不能离开对整个学术演变递嬗的概观。

11卷本的《中国学术史》,就是重写中国学术整个变迁的一次尝试。

撰写的准备和设计,始于1993年。有关中国学术史的一些想法,得到多位专攻学术史的年轻学者的支持,也幸获江西教育出版社各位先生的许可,这样"中国学术史"即作为工作课题而成立了。应该感谢参加本书撰述的诸位,他们在各自岗位的繁重事务中尽可能集中时间,确实做出了引人注目的成果。

老实说,当着手组织这部《中国学术史》时,我心中颇有些忐忑。我一直认为学术史应当作为一项艰辛的研究，不可限于史实材料及已有观点的胪列。用在中国科学院朋友中流行的话来说，是不赞成"以编代研"。不过，中国学术史范围辽阔，想全面论述又绝非短短几年所能完成。为此，我建议《中国学术史》采用勾画轮廓、选择重点的方式，以叙说各历史时期学术发展的大势为主，这部书便是依此而著成的。

中国人一贯主张治史的目的在于鉴今，司马光的著作《资治通鉴》，突出地代表了这个看法。窃以为不能以这一点要求所有历史研究，有的研究的动机恐怕还只是求知。但是，学术史的研究确是有这样的效用的。重写和续写学术史，将有益于新世纪中国学术的创新。假如这部不够成熟的书能于此有一些贡献，我们便十分满足了。

原载《中国学术史·三国、两晋、南北朝卷》，
江西教育出版社，2001年

清代学术的几个问题

记得在清华大学念书时,听冯友兰先生说,研究中国学术史、思想史这类学问,应吃透两头——研究先秦两汉者,当注意清代;搞清代者,应重视先秦两汉。当时年轻,不太理解冯先生所说的深刻含义。现在体会起来,冯先生的话确实很有道理。因为先秦两汉是中国学术史、思想史的奠基阶段,而清代则研究成果甚多,几乎涉及了先秦学术思想的方方面面。因此,我虽是学古代的,今天,还是谈谈清代学术史。

近年来很多学者都在提倡,世纪之末应该总结20世纪的学术。具体做起来,我认为重点应该放在20世纪的上半叶,至于下半叶,可能还需要等一段时间才能看清楚。我们研究汉代学术,都知道西汉和东汉大不相同。西汉与先秦有关,而东汉则与魏晋联系多一些。20世纪的学术情形也一样,其上半叶与清代学术的关系更密切。或者说,研究20世纪上半叶学术,在很大程度上有赖于对清代学术的理解。

什么是清代学术?没法用几句话进行概括,因为清代学术的内容太丰富,变化又太多。清代学术的兴盛在18世纪,即乾嘉时期,但我不赞成"乾嘉学派"这个提法,不如用"乾嘉学风"或"乾嘉学术"更平稳一些。有一点可以肯定,即乾嘉学术的核心是在经学。

实际上,整个中国学术的核心都是经学。当然,这并不是说经学最有价值,因为价值判断可以见仁见智。说中国学术的核心在经学,主要是就其学术地位和影响而言。从实际情况来看,中国学术的核心不可能是佛、道,应该是儒学。儒学的中心就是经学。所以今天谈清代学术,就集中围绕清代的经学来谈。不过,我不是讲清代经学中那些具体的内容,而是谈谈清代经学研究中存在的几个问题。

先谈一谈清代学者对经和经学的看法。

前不久我看到一篇文章,说不要以"经史子集"的模式来说明学术的分类,这是很对的,因为"经史子集"只是一个目录学的分类方式。"经学"一词的提出,是清代晚期的事。不少人讨论经和经学问题,认为:经的形成较晚,在孔子之后;经学更晚,晚到汉代才出现。我认为这是不正确的。

经指的是那些受特别重视的常用书籍。战国时代就有直接称某书为经的,如"孝经"一名,《吕氏春秋》引用了《孝经》,说明《孝经》在战国时代就出现了。战国时代,已有"六经"之称。《庄子·天运篇》载:"孔子谓老聃曰:丘治《诗》《书》《礼》《乐》《易》《春秋》六经。"《庄子》一书多寓言,很多人不相信这段话。不久前湖北荆门郭店楚墓出土竹简《六德》,篇中说:"观诸《诗》《书》,则亦在矣;观诸《礼》《乐》,则亦在矣;观诸《易》《春秋》,则亦在矣。"所讲六经次第与《庄子》全同,证明战国中叶确实有这种说法。当时的经还有传,有经与传、记、解、说等并存的情况。传、解等指的是诠解阐释,而经是指被诠释的书。如《春秋》有《左氏传》《穀梁传》《公羊传》,《仪礼》有经、有记,《墨子》有经、有说。

什么时候才有今天所说的经呢？这是值得讨论的问题。事实上，经的产生和发展与教育史有密切关系。《荀子·劝学篇》说："学恶乎始？恶乎终？曰：其数则始乎诵经，终于读礼。"不难推测，经在社会教育中具有明显作用。《国语·楚语上》记楚庄王时申叔时谈太子的教育，应该"教之《春秋》"，"教之《世》"，"教之《诗》"，"教之《乐》"等。可见当时已将《诗》《礼》《乐》《春秋》等书籍作为经典传授给学生了。申叔时说这番话时属春秋中叶，当时的楚国被视作荆蛮之地，尚且存在这种经典的教育，那么在中原地区的流传和普及应该更早。

考古资料表明，学校制度可追溯到商代。在安阳小屯南地出土的甲骨文里，已有"大学"（太学）一词。甲骨文里有"王若曰：羌女……"一条，董作宾先生专门写过一篇《王若曰古义》的论文。对"羌女"可以有不同理解，我认为最好的解释还是"羌，汝"。这是对羌人的一种文告，意思是"王这样说：羌，你如何如何"。可见当时就已有"诰"这样一种文体。这样可以证明《尚书·商书》里的"王若曰""微子若曰"等，并不是周人所拟作。《诗经·商颂》的出现也不会太晚。其中的诗句已给我们提供了信息，说殷商强盛广大，"相土烈烈，海外有截"，"自彼氐羌，莫敢不来王，莫敢不来享"。考古发现证明，二里岗时期商文化的影响，南边已到达了湖南境内，其范围比商后期殷墟文化的范围更广大，《商颂》所说并非虚假。

西周金文里可用来印证《诗》《书》《礼》《乐》等经典的材料就更多了。如史惠鼎铭文中有"日憙月将"一句，"憙"即"就"字，"日就月将"句引自《诗经·周颂·敬之》："维予小子，不聪静止。日就月将，学有缉熙于光明。"史惠鼎的年代为西周，其所引的《敬之》篇自然出现更早。又如师嫠簋，其铭文云："王若曰：师嫠，在昔先王小学，女（汝）敏可使。"说明当时已有了贵族学校教学。西周金文里还经常出现"师"，有的"师"类似于后来的"先生"，也就是《周礼·大司徒》里的"师儒"。古代的"师"文武双全，主管教育，其科目有"礼""乐""射""御""书""数"，教材则有《诗》《书》《礼》《乐》《易》《春秋》。我们再看《左传》《国语》就知道，春秋时期，人们对经书已相当熟悉，礼乐制度已很普及。如吴公子季札到鲁国所听乐辞即为《诗经》之《周南》《召南》《邶》《鄘》《卫》等。春秋时期礼乐制度广泛到何等程度，可以从考古材料上看出来，如清代发现的一对齐侯壶，即洹子孟姜壶，壶铭谈治丧事，写齐侯为洹子孟姜家里的服丧之事报告给当时的礼官宗伯，请求允诺，可见春秋时期的礼制是很发达的。

从以上简单的叙述可以看出，中国经的产生很早，大约商代已萌芽，西周基本成型，春秋则已很普及。晚清学者认为经出现在战国孔子以后的说法，显然与事实不符。这实际上与他们的尊孔有关。晚清的今文学家们认为六经乃孔子所制作。皮锡瑞在《经学通论序》里说："当知经为孔子所定，孔子以前，不得有经。"康有为的《孔子改制考》也认为："凡六经，皆孔子所作，昔人言孔子删述者，误也。"康有为的思想受廖平的影响很大。梁启超《清代学术概论》说："康有为早年酷好《周礼》，尝贯穴之，著《政学通议》，后见廖平所著书，乃尽弃其旧说。"廖平为了尊孔，不仅认为六经为孔子所作，后来甚至认为文字也是孔子所创造。当然，康有为与廖平的尊孔也有不同之处，廖平尊孔是为了治学，而康有为尊孔是为了政治。

中国的学术史不能只从孔子讲起。孔子是中国第一个创办"私学"的人，孔子之前"学在官府"。尽管如此，孔子之前仍有许多优秀学者，如叔向、晏子等，均见于《左传》。晚清学者把孔子神化，是不对的。

再谈清人关于汉代今、古文学派之说。

晚清以来，有两个地方的学术研究很有影响，即川学和湘学。廖平是川学的代表之一。廖平字季平，四川井研人，生于清咸丰二年（1852），卒于民国二十一年（1932），著述极丰，据统计竟达118种，有些为川外学者所不易见。廖氏以经学知名，其学一生共经六变。20世纪30年代冯友兰先生作《中国哲学史》，以廖氏为殿，但只讲到五变，读者颇觉遗憾。60年代我因读《中国哲学史》该章，细绎廖氏《六译馆丛书》，又找到其弟子柏毓东所作《六变记》，始知六变始末。

廖氏经学六变，也就是他学术思想发展的几个阶段。六变各有千秋，不断自我否定。其中以今文、古文之分为主旨的，是初变和二变。初变阶段的代表作是《今古学考》，二变阶段的代表作是《辟刘篇》和《知圣篇》。廖平认为，汉代有今文、古文两派；西汉时期今文经学盛行，到东汉则古文经学代兴；东汉末年郑玄调和今、古，两派界限才归于泯灭；研究汉代经学，不可不知今文、古文两派的划分，以及其斗争、消长的历史。廖氏的这种观点，经康有为的《新学伪经考》《孔子改制考》二书的流行，在社会上得到广泛流传，长期以来，已经成为经学史上的常识，而且还渗透到学术史、思想史、文化史等领域中去。然而，这样的观点实际是不可取的。

廖平《今古学考》中对汉代经学今、古两派的分法，是以他对许慎的《五经异义》一书的研究为基础的。因此，如果我们要评论廖氏学说，不能不首先考虑他关于《五经异义》的见解。经过仔细研究我们发现，廖平《今古学考》中所持的许多观点实际与许慎的《五经异义》有许多不一致的地方。廖平说许慎的《五经异义》是古非今，而实际上许慎的《五经异义》是博采今、古文。例如，《书》既用"今《尚书》欧阳、夏侯说"，又采"古《尚书》说"；《诗》既采"今《诗》韩、鲁说"，又采"古《毛诗》说"；《礼》既采"今《礼》戴说"，又采"古《周礼》说"；《春秋》，既采"今《春秋公羊》说"，又采"古《春秋左氏》说"。廖平还认为，许慎的《五经异义》为评述汉代的礼制而作，廖平关于汉代经学今、古两派之分即缘此而来，认为今、古两派"师法森严"。实际上，《五经异义》兼采今、古，并无偏倚，怎么能说是师法森严呢？这些情况使我们感到，有必要重新考虑汉代经学所谓今文为一大派，古文为另一大派的观点。当时的几种古文经学说未必全然共通，立于学官的十四博士更非"道一风同"。改变自《今古学考》以来普遍流行的今、古两大派的观点，对于经学史及有关方面的研究是很重要的。

这里再谈一下近年来考古发现与两汉经学研究的有关情况。秦始皇的《挟书律》很有效。李斯向秦始皇建议说："臣请史官非秦记皆烧之……有敢偶语《诗》《书》者弃市……所不去者，医药、卜筮、种树之书。若有欲学法令，以吏为师。”近年来出土的当时的简帛，如睡虎地秦简等，证实了《史记》的这段话。

睡虎地秦简中《编年记》是秦人编写的史书；《秦律十八种》《效律》《秦律杂抄》《律说》等是法律书，即“若有欲学法令，以吏为师”；又如《日书》等，则为卜筮类之书。马王堆帛书中肯定为秦写本的，是《式法》即《篆书阴阳五行》；另一种《五十二病方》，从字体看也可能是秦代的抄本。这两种书籍，前者是术数之类，后者是医药之书，都不在焚毁之列。这也表明，秦朝的法令当时是发挥了相当作用的。

《挟书律》到汉惠帝时便废除了，只实行了23年。秦亡以后，在一些汉墓里，经书和百家语就纷纷出现了。这说明秦朝的禁令和秦汉之际的动乱，所造成的只是学术文化的暂时低潮，并没有真正截断中国古代文化的传流。

考古发现还大大增加了我们对先秦两汉有关问题的认识，如在《汗简》和《古文四声韵》里，“道”字作“⿲彳人亍”，现在在郭店楚简里看到这个字确实是“道”。可见《汗简》是有根据的，确本于古《老子》(项羽妾墓)、古《尚书》。西汉学者的主要工作就是整理、复原古书。汉初的学者还能诵经，通过口耳相传，保存了不少先秦的东西。如《公羊传》就是口传，公羊高为孔子七十弟子，对《春秋》的解说世世口耳相传，到汉文帝时“书之竹帛”。汉朝人根据口传，整理了大量先秦古籍，所以研究先秦，也当注意汉代经学。

附带说一下对宋学的评价。

清代的学术成就巨大，但其不足处是讲门户。清代学术是从否定宋明理学开始的。这是对的，但也抛掉了宋学很多好的方面，如讲修养、入世精神和做人的骨气，甚至对社会都有影响。明代科举发展到极致，《四书大全》《五经大全》一出，书就不读了，成为空疏之学。清朝人看到了此时理学的空疏，开始立门户。其实在清初的时候，气象是博大的，如顾炎武、黄宗羲、王夫之等，但后来却是门户成了主要特点。立门户的代表是江藩，他的《汉学师承记》从阎若璩讲起，没有了顾炎武、黄宗羲等人。汉学再细分，讲今文，讲西汉，最后越分越细，形成汉学反宋学、今文反古文的局面，门户越讲越深、越讲越窄小。清代就有学者力矫此弊，如方东树、陈澧等，但都不太成功。

其实，宋学对先秦经书的义理研究，有许多可取的方面。从先秦以至汉初的儒家文献可以知道，当时儒者传授《诗》《书》等经籍，绝不是单纯以之为历史记录和材料，而是根据自己的理解，阐述其中包含的义理。宋人经学的主要特点在于义理的探讨，而正是在这一点上，他们比汉儒更接近于先秦的儒家。宋学的代表人物是朱子，朱子的书，流行最广的是《四书集注》，而"四书"代表了孔曾思孟的传统，其中《大学》《中庸》均出于《礼记》。先秦古籍引用《尚书》篇名最多的是《礼记》。西汉时发现的孔壁书中，有《尚书》，也有《礼记》，这恐怕不能说是偶然的。有没有可能先秦思孟一派儒家也传《尚书》，其《尚书》内即有富于义理的一些篇，从而孔壁的秘藏兼有这些《尚书》及引用《尚书》的儒家作品呢？这是一个颇具启发性的问题。如果这个猜想属实，朱子及其他宋儒之着眼于古文各篇的义理，确乎是上承先秦思孟一派的统绪，清人将宋人全加以否定，显然是不够持平的。

　　还有一个问题，我不同意清人认为宋学起源于佛学的观点，那种看法的论据是找宋学的人受佛学影响的例子，如朱子结识和尚。实际上，认识和尚是平常的事，并不能真正说明问题。佛学的真正兴盛是在隋唐，程朱陆王并不真懂佛学。唐朝学风在韩愈时已经开始变了。禅宗是地地道道的中国哲学，对宋学的产生也不起基本作用。汉朝整理文献走到尽头，经过唐朝编《五经正义》，随后转向义理之学，于是产生宋学。宋学后发展到极端，空谈性理，逐渐引起有识之士的反对，到清代又回到汉学的道路。我们对清代学术的看法多袭自晚清，这需要重新考虑。我建议对中国经学史进行新的讨论，写出一部新水平的经学史，篇幅不要太长，像马宗霍《中国经学史》那样的篇幅就可以。

原载《中国学术》2001年第2期

附 录

从新发现看古代文明

遂公盨与大禹治水传说

最近有一件新出现的青铜器,由于其铭文记载着大禹治水的传说事迹,受到国内外学者的广泛注意。这件器物,就是现为保利艺术博物馆收藏的遂公盨。

盨是用来盛黍稷的礼器,从簋变化而来,西周中期偏晚的时候开始流行。遂公盨呈圆角的长方形,失盖,器口沿下饰鸟纹,腹饰瓦纹,小耳上有兽首,原来应有垂环,圈足中间有桃形缺口。这种形制,在盨的序列中是较早的。再看鸟纹的特点,可确定这件盨属于西周中期后段,即周孝王、夷王前后。

遂公盨不是考古发掘中发现的,传闻得自河南窖藏,未必可信。但由未去锈前状态观察,肯定出土不久。土锈上有明显席痕,且包到口边上,看来在地下时已经与盖分离了。

铭文(图 11-1)在盨的内底,共有十行,九十八字。前九行都是每行十字,末一行只有八字,故将字距适当拉开。或以为在第一字下还有一字,细看原器,实系铸造时的凹痕。全铭书法秀美,整齐匀称,保存情况也很好,只在第四、五行下端,范铸时有一些问题,造成缺损扭曲,以致第五行末一字难于辨识。

下面铭文的释读尽量用通用的文字:

天命禹敷土,随山浚川,迺

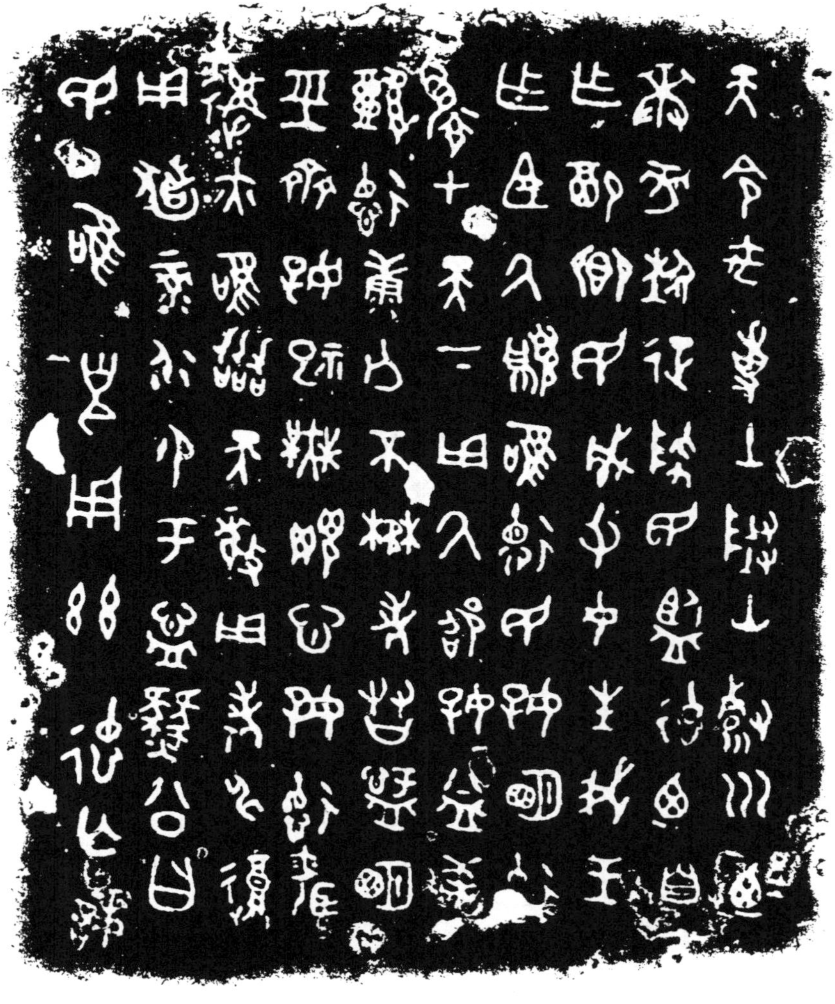

图 11-1　遂公盨铭文

差地设征,降民监德,迺自
作配乡(享)民,成父母。生我王
作臣,厥沫(贵)唯德,民好明德,
寡(顾)在天下。用厥邵(绍)好,益干(?)
懿德,康亡不懋。孝友,訏明
经齐,好祀无贍(废)。心好德,婚
媾亦唯协。天釐用考,神复
用祓禄,永御于宁。遂公曰:
民唯克用兹德,亡诲(侮)。

铭中有几个字,研究的学者有不同意见,如"差""地""寡""御"等。对于这样古奥的铭文来说,看法有异是正常的。

关系较大的,是"遂公"的"遂"字。这个字原作从"燹"从"火",我认为当依吴大澂等人之说,是"燧"的异文,读为遂国的"遂"。遂国在今山东宁阳西北,传为虞舜之后,春秋鲁庄公十三年(前681)被齐所灭。作盨者是西周时的遂君。

遂公盨的铭文和常见的西周青铜器铭文很不一样,既没有开头的历日,也没有末尾的套话,因此乍看起来似乎不是全篇。其实盨铭首尾一贯,别成一格,有非常重要的研究价值。最突出的一点是与《诗》《书》等传世文献有密切的联系,铭文前面讲禹的一段,尤其是如此。

盨铭"天命禹敷土,随山浚川,迺差地设征",可以对照《尚书》中的《禹贡》"禹敷土,随山刊木,奠高山大川",还有

《尚书序》"禹别九州，随山浚川，任土作贡"。大家知道，《禹贡》这篇文字，近世学者多以为很晚，《书序》更是被人怀疑。现在证明，其文句与铭文符同，特别是"随山浚川"全同于《书序》，实在是令人惊异。

这些文字还应参看《尚书·益稷》"禹曰：洪水滔天，浩浩怀山襄陵，下民昏垫。予乘四载，随山刊木……予决九川，距四海；浚畎浍，距川"，还有《诗经·长发》"洪水芒芒，禹敷下土方"。所用词语，都互相类似。

"随山"的"随"，意思是"行"，见《广雅·释诂》；"浚川"就是疏导河流；"差地设征"，"征"即贡赋，同于"任土作贡"。铭文禹的传说，与《诗》《书》是一致的。

过去著录的古文字材料，有关禹的很少，只有秦公簋提到"禹迹"；叔夷镈、钟述及成汤伐夏，"咸有九州，处禹之堵（都）"。至于治水的事迹，乃是第一次发现。秦公簋等都属春秋，遂公盨则早到西周，成为大禹治水传说最早的文物例证，这对于中国古代历史文化的研究有很大的意义。

原载《中国社会科学院院报》2003年1月23日

眉县杨家村新出青铜器说明了什么

今年1月19日,陕西眉县杨家村新发现西周青铜器窖藏,所出27件器物都有铭文,内容十分丰富重要。消息首由《西安晚报》披露,承西北大学、陕西师范大学同仁电告。23日看到上海《文汇报》较详细的西安专电[1],我在27日前往,在陕西省、宝鸡市和眉县领导与学者惠助下,得以观察这批珍贵文物,并到发掘现场参观。3月初,这批青铜器从宝鸡青铜器博物馆运来北京展出,又蒙中华世纪坛艺术馆等方面允可,进行了补充观察。

杨家村窖藏青铜器的照片等材料,已有《盛世吉金——陕西宝鸡眉县青铜器窖藏》[2]一书发表。尽管有的铭文还有个别文字有待全部去锈后核补,但研究的基本条件业已具备,对这次重大发现的意义和价值可以做出初步的估计了。

新发现的这批青铜器究竟告诉了我们什么?

我认为,首先应该提到的是逨盘铭文中记述的西周列王世系。大家知道,《史记·周本纪》有周王世系,但一直未能像甲骨文印证《殷本纪》商王世系那样,有考古学材料证实。前些年扶风庄白所出史墙盘,时代较早,只列举出世系前半,到穆王。逨盘则从文王历叙至厉王,均与《周本纪》相合。

---

1 韩宏、屹夫:《陕西出土27件稀世青铜器——为研究西周历史和"夏商周断代工程"提供重要实物资料》,《文汇报》2003年1月23日第1版。
2 陕西省文物局、中华世纪坛艺术馆编:《盛世吉金:陕西宝鸡眉县青铜器窖藏》,北京出版社,2003年。

史墙盘周王名谥到穆王，器作于共王时。以彼例此，逨盘王谥到厉王，作器时的王，即铭文里的"天子"，显然是宣王。《周本纪》载宣王在位46年，正同逨鼎有四十二、四十三年相应。因此，这批窖藏器物是西周晚期后段的标准器。

西周晚期厉王有37年（即使依某些《世家》，至少也有20余年），共和14年，宣王46年，加在一起长达97年，这相对于二百几十年的整个西周来说，是很长的一段。根据商周考古的经验，如此一段时间内，青铜器不可能没有明显的类型学变化，然而以往我们总是不能区分厉、宣两世的器物，也就是说无法将西周晚期青铜器进一步分段。现在有了这批后段的标准器，就会推进在这方面的工作。

两种逨鼎铭文的历日——四十二年五月既生霸乙卯、四十三年六月既生霸丁亥，均系年、月、日相、干支俱全，为深入研究当时实施的历法提供了新的重要依据。有关问题，学者们已经展开热烈讨论。

杨家村这处窖藏不是孤立的。1985年该村发现的另一窖藏，曾出土一组逨钟。更早在邻近李家村出土的一批青铜器，包括著名的盠驹尊，也有可能属于逨的先世。另外，在杨家村还曾出土过器形庞伟的𫊉鼎。这一系列发现表明，杨家村、李家村一带在西周时有特殊的重要性，需要仔细探查。考虑到逨所作器物分器种窖藏，而其盛食器簋、盨之类尚未出现，今后再找到他的青铜器，是不无可能的。

逨的一家源出单公。大家从《春秋》经传知道，单氏是东周王朝重要贵族，西周金文中单伯也屡任重职。逨这一支虽非单氏正支，在朝内仍甚显赫，这对于认识当时世族的作用，非常重要。

窖藏本身的特点，同样值得注意。以前在周原等地发现的青铜器窖藏，大都是在生土中掘成，距地表较浅，从而学者多以为是因戎族入侵，周人仓皇遁走，将难携带的器物暂行埋藏。杨家村此处窖藏则有较复杂的形制，且深居地下，其构筑无疑要从容得多。

我觉得，这一现象有其历史背景。原来，西周晚期在宣王即位后虽一时中兴，至其末年又出现衰象，如宣王三十二年伐鲁，干涉鲁君继立，"诸侯从是而不睦"；三十九年与姜氏之戎战于千亩，王师败绩，丧南国之师，以致"料民于大原"。在这些问题上，宣王都拒不听大臣忠谏。幽王二年，宗周地震，"三川竭，岐山崩"，大夫伯阳父叹息"今周德若二代（夏、商）之季矣"，预料将亡。六年，十月日食，周大夫作《十月之交》诗，强烈讥刺幽王宠爱褒姒，任用皇父等佞臣。八年，司徒郑桓公因王室多故，诸侯或叛，向史伯问计，东徙其民于虢、郐之间。西虢的开始东徙，可能也在这个时候，今本《竹书纪年》说幽王七年"虢人灭焦"，进入今河南三门峡地带，符合当时情势。从上述《诗经》《国语》《史记》等记载可见，西周王朝走向覆亡有相当一段过程，朝中贵族的有识之士为此做了"逃死"的准备。单氏这一家在大难临头之前，预修窖藏，将珍贵的青铜礼乐器保存起来，是可以理解的。

原载《文物》2003 年第 6 期

济南大辛庄甲骨卜辞的初步考察

2003年3月中旬济南大辛庄甲骨文的发现[1],已经在学术界以至社会上造成了广泛的震动效应。承山东大学历史文化学院及考古系惠邀,我有幸于4月初到发掘现场参观,并仔细观察了所出甲骨,在此谨表谢忱。

殷墟甲骨文的最初发现和鉴定,是在1899年,离现今已有104年了,其间再也没有在别的地点出土像殷墟那样的甲骨文。殷墟的甲骨文主要是卜辞,即在实用的占卜甲骨上刻写文字记录。1953年,在郑州二里岗曾采集到两片刻字牛骨,一片肱骨上文字不是卜辞,另一片肋骨文字是卜辞,但肋骨本身是否占卜所用尚有疑问[2]。这次大辛庄的发现,层位关系和本身性质都没有任何问题,说是在殷墟之后又一甲骨文——严格讲是甲骨卜辞的出土地点,当之无愧,这自然是非常重要的。

我去看时,出卜辞的探方发掘工作正在进行,有关层位材料有待清理,这里只能就个人观察甲骨所得,谈一些不成熟的意见。

首先是经发掘者缀合的大片腹甲。

这一腹甲约存全甲的五分之三。首甲、中甲已失去。现有

---

1 金云伟、王振国:《大辛庄甲骨文惊天下》,《齐鲁晚报》2003年4月9日。
2 参看李学勤:《郑州二里岗字骨的研究》,载中国社会科学院历史研究所学刊编委会编辑《中国社会科学院历史研究所学刊》(第一集),社会科学文献出版社,2001年,第1—5页。

左前甲一小部分，右前甲大部分。右甲墙完全。左后甲尚存一半，右后甲都在。左尾甲缺少外侧，右尾甲全存。可以看到，腹甲经过相当精细的修治，甲墙外缘削去很多，尾甲外侧也去平了。与殷墟腹甲相比，这样的修治也属于比较进步的。

值得注意的，是在右甲墙中间偏下的地方有一小钻孔。殷墟有字甲骨也有个别带钻孔的，都是用废弃甲骨切割改制成饰物[1]，与大辛庄这版腹甲不同。这使我想起以前曾在殷墟午组腹甲上发现刻辞"三册册凡三"[2]，揣想是将龟版叠置成册，每册三版。大辛庄的腹甲或许也是这样，把几版叠置，用绳穿系固定，以便携带或保存。

腹甲的左尾甲偏下外缘，还有一个大钻孔。因为边缘在成孔后削平，所以只见孔的一半。这个孔是在修治完成前做出的，可能是于运送龟甲时进行穿系用。这在殷墟也是从未见过的。

尽管由上述大小钻孔知道当时有很好的钻具，可是腹甲上钻凿的钻却全是挖成的。大家知道，过去发现的大辛庄卜骨多为圆钻，卜甲的钻少有钻成的，大约是龟甲较薄，更适于刀挖的缘故。再看这版腹甲上文字的刻画，笔道劲直而细，"钍"字的两圆点十分细小，所用工具一定有薄刃细尖，而且非常坚硬，这说明了有关工艺的发展程度。

钻凿的形态，与 20 世纪 90 年代发表的大辛庄第四期卜甲

---

1 李学勤、齐文心、艾兰：《英国所藏甲骨集·前言》，载《英国所藏甲骨集》（上编上册），中华书局，1985 年，第 7 页。
2 懿恭：《我们最古的书甲骨文——龟册》，《文物参考资料》1954 年第 5 期。

接近[1]，凿较短而钻较大，灼痕也比较大。钻在凿侧的位置，即兆枝的方向，也类于过去发表的，在千里路两边均有兆枝相对的情形，这在殷墟腹甲上是罕有的。

与殷墟腹甲共同的，是卜辞的左右对贞。甲上现存卜辞，大体可分为三组，中间一组卜"不徙""允徙"，上下两组则卜"御"祭。后者的对贞关系尤其明显，如：

　　御四母，毚、豕、豕、豕。
　　弜（勿）御。

正卜说祭祀四位母，分别用野猪、阉猪或家猪，反卜则说不进行这样的祭祀。

甲上卜辞的格式比较简单，只有贞辞，而不像殷墟王卜辞那样有前辞、贞辞、验辞等等。上一组一辞有"囗酉"，疑为所卜御祭的时间，不是记占卜日期的前辞。再有，各辞文字的走向也不一致。这些，都接近殷墟出土的非王卜辞，后者大多属于武丁时期。

再看大片腹甲之外的三块腹甲残片。

一片在兆旁有"二"字，系兆序，这在大片上是没有的。上述"御四母"的"四"字，对照反卜没有兆序，恐怕仍不是兆序。

另两片，其一有跽坐人形以手掩口的字，类于殷墟所见

1　山东大学历史系考古专业、山东省文物考古研究所、济南市博物馆：《1984年秋济南大辛庄遗址试掘述要》，《文物》1995年第6期。

"次"字、"闻"字所从。又一有卜辞"弜（勿）戠"，殷墟有同样的辞，应依裘锡圭先生读为"勿待"[1]。

关于大辛庄的甲骨文，或许有人会问：它们有没有可能是从殷都带来的，或者是由殷都来的人卜用的？我认为不是。看这里出有大量类型相同的无字甲骨，就可知其间不可分割的联系。至于从殷都到此的人，在旅途中专门举行对母的祭祀，也不合乎情理。唯一合理的推断，是这些甲骨文属于当地。

济南大辛庄遗址发现在20世纪30年代，自50年代后历经调查发掘，出土许多文物，其重要性早已充分证明。现在有了甲骨文，更显示遗址的性质绝不平常。希望今后遗址得到进一步保护，考古工作继续铺开，不难预期有更多的重要发现。

还有若干问题，我想留待大辛庄甲骨文材料正式发表后再提出讨论。

原载《文史哲》2003年第4期

---

1 裘锡圭著：《古文字论集》，中华书局，1992年，第114页。

图书在版编目(CIP)数据

中国古代文明十讲/李学勤著. —2 版. —上海：复旦大学出版社,2024.6
("名家专题精讲":典藏版)
ISBN 978-7-309-17349-9

Ⅰ.①中… Ⅱ.①李… Ⅲ.①文化史-中国-古代-通俗读物 Ⅳ.①K220.3-49

中国国家版本馆 CIP 数据核字(2024)第 062084 号

中国古代文明十讲
ZHONGGUO GUDAI WENMING SHIJIANG
李学勤 著
责任编辑/高 原

复旦大学出版社有限公司出版发行
上海市国权路 579 号 邮编：200433
网址：fupnet@fudanpress.com http://www.fudanpress.com
门市零售：86-21-65102580 团体订购：86-21-65104505
出版部电话：86-21-65642845
上海盛通时代印刷有限公司

开本 890 毫米×1240 毫米 1/32 印张 9.25 字数 192 千字
2024 年 6 月第 2 版
2024 年 6 月第 2 版第 1 次印刷

ISBN 978-7-309-17349-9/K·831
定价：58.00 元

如有印装质量问题,请向复旦大学出版社有限公司出版部调换。
版权所有 侵权必究